기본 연산
Check-Book

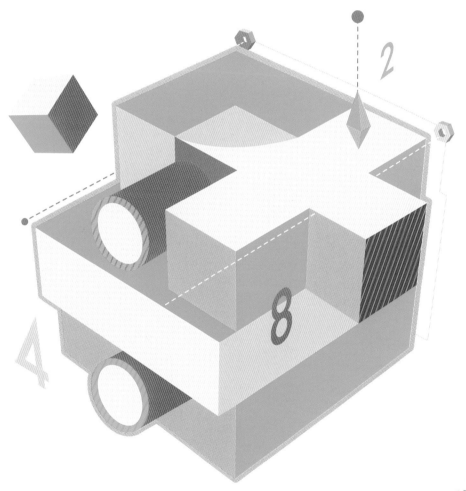

두 자리 수와 한 자리 수의 덧셈과 뺄셈

(두 자리 수)+(한 자리 수)

① 37+4=☐ ② 53+8=☐ ③ 29+3=☐

④ 63+8=☐ ⑤ 24+7=☐ ⑥ 73+8=☐

⑦ 84+7=☐ ⑧ 79+5=☐ ⑨ 43+9=☐

⑩ 28+3=☐ ⑪ 11+9=☐ ⑫ 83+8=☐

⑬ 15+9=☐ ⑭ 47+4=☐ ⑮ 68+4=☐

⑯ 33+8=☐ ⑰ 85+6=☐ ⑱ 17+7=☐

⑲
```
   5 8
+    3
------
```

⑳
```
   8 6
+    5
------
```

㉑
```
   3 4
+    7
------
```

㉒
```
   6 7
+    6
------
```

㉓
```
   7 5
+    8
------
```

㉔
```
   1 4
+    6
------
```

㉕
```
   4 6
+    5
------
```

㉖
```
   8 7
+    9
------
```

자르는 선

월 일

㉗ 64+7=☐ ㉘ 25+6=☐ ㉙ 44+8=☐

㉚ 54+8=☐ ㉛ 32+9=☐ ㉜ 89+3=☐

㉝ 88+5=☐ ㉞ 57+4=☐ ㉟ 65+6=☐

㊱ 13+8=☐ ㊲ 74+7=☐ ㊳ 27+5=☐

㊴ 23+9=☐ ㊵ 38+5=☐ ㊶ 55+7=☐

㊷ 19+6=☐ ㊸ 78+3=☐ ㊹ 81+9=☐

㊺ 12 + 9 = ☐

㊻ 66 + 7 = ☐

㊼ 45 + 6 = ☐

㊽ 36 + 8 = ☐

㊾ 56 + 5 = ☐

㊿ 39 + 3 = ☐

(51) 76 + 6 = ☐

(52) 48 + 8 = ☐

자르는 선

❶ $82 + \boxed{} = 91$ ❷ $79 + \boxed{} = 82$ ❸ $19 + \boxed{} = 25$

❹ $56 + \boxed{} = 63$ ❺ $39 + \boxed{} = 44$ ❻ $24 + \boxed{} = 33$

❼ $27 + \boxed{} = 32$ ❽ $75 + \boxed{} = 82$ ❾ $14 + \boxed{} = 22$

❿ $66 + \boxed{} = 72$ ⓫ $58 + \boxed{} = 62$ ⓬ $89 + \boxed{} = 94$

⓭ $89 + \boxed{} = 93$ ⓮ $33 + \boxed{} = 41$ ⓯ $55 + \boxed{} = 63$

⓰ $45 + \boxed{} = 53$ ⓱ $26 + \boxed{} = 32$ ⓲ $65 + \boxed{} = 71$

⓳
$$\begin{array}{r} 1\ 2 \\ +\ \boxed{} \\ \hline 2\ 1 \end{array}$$

⓴
$$\begin{array}{r} 7\ 9 \\ +\ \boxed{} \\ \hline 8\ 7 \end{array}$$

㉑
$$\begin{array}{r} 2\ 5 \\ +\ \boxed{} \\ \hline 3\ 2 \end{array}$$

㉒
$$\begin{array}{r} 5\ 4 \\ +\ \boxed{} \\ \hline 6\ 2 \end{array}$$

㉓
$$\begin{array}{r} 3\ 4 \\ +\ \boxed{} \\ \hline 4\ 2 \end{array}$$

㉔
$$\begin{array}{r} 1\ 6 \\ +\ \boxed{} \\ \hline 2\ 5 \end{array}$$

㉕
$$\begin{array}{r} 2\ 9 \\ +\ \boxed{} \\ \hline 3\ 3 \end{array}$$

㉖
$$\begin{array}{r} 8\ 5 \\ +\ \boxed{} \\ \hline 9\ 2 \end{array}$$

㉗ $13+\boxed{}=22$ ㉘ $46+\boxed{}=51$ ㉙ $84+\boxed{}=92$

㉚ $67+\boxed{}=74$ ㉛ $77+\boxed{}=85$ ㉜ $44+\boxed{}=51$

㉝ $46+\boxed{}=52$ ㉞ $37+\boxed{}=44$ ㉟ $74+\boxed{}=82$

㊱ $37+\boxed{}=45$ ㊲ $49+\boxed{}=57$ ㊳ $29+\boxed{}=33$

㊴ $57+\boxed{}=62$ ㊵ $18+\boxed{}=25$ ㊶ $86+\boxed{}=92$

㊷ $39+\boxed{}=42$ ㊸ $69+\boxed{}=75$ ㊹ $48+\boxed{}=52$

㊺
```
    6  4
 +  [  ]
 -------
    7  2
```
㊻
```
    3  8
 +  [  ]
 -------
    4  2
```
㊼
```
    6  7
 +  [  ]
 -------
    7  3
```
㊽
```
    3  5
 +  [  ]
 -------
    4  2
```

㊾
```
    8  7
 +  [  ]
 -------
    9  3
```
㊿
```
    5  9
 +  [  ]
 -------
    6  2
```
(51)
```
    7  6
 +  [  ]
 -------
    8  3
```
(52)
```
    1  5
 +  [  ]
 -------
    2  0
```

자르는 선

세 수의 덧셈

❶ $24+7+4=$ ☐

❷ $42+2+5=$ ☐

❸ $33+4+9=$ ☐

❹ $39+3+6=$ ☐

❺ $53+5+3=$ ☐

❻ $78+4+8=$ ☐

❼ $82+3+2=$ ☐

❽ $58+6+4=$ ☐

❾ $17+5+8=$ ☐

❿ $84+4+7=$ ☐

⓫ $64+8+6=$ ☐

⓬ $66+2+3=$ ☐

⓭ $48+6+4=$ ☐

⓮ $27+1+9=$ ☐

⓯ $83+9+5=$ ☐

⓰ $89+2+6=$ ☐

⓱ $83+7+7=$ ☐

⓲ $47+6+4=$ ☐

⓳ $77+1+6=$ ☐

⓴ $55+9+7=$ ☐

㉑ $44+7+3=$ □

㉒ $29+2+7=$ □

㉓ $18+3+2=$ □

㉔ $54+6+8=$ □

㉕ $68+8+7=$ □

㉖ $23+5+6=$ □

㉗ $34+2+1=$ □

㉘ $45+7+9=$ □

㉙ $15+9+5=$ □

㉚ $76+8+5=$ □

㉛ $87+6+6=$ □

㉜ $36+1+8=$ □

㉝ $59+7+4=$ □

㉞ $88+3+7=$ □

㉟ $37+4+8=$ □

㊱ $26+4+8=$ □

㊲ $75+5+9=$ □

㊳ $65+9+4=$ □

㊴ $46+3+6=$ □

㊵ $56+6+9=$ □

자르는 선

❶ 77−8= ☐   ❷ 47−9= ☐   ❸ 66−8= ☐

❹ 35−7= ☐   ❺ 25−6= ☐   ❻ 53−5= ☐

❼ 20−2= ☐   ❽ 65−7= ☐   ❾ 46−9= ☐

❿ 85−6= ☐   ⓫ 34−5= ☐   ⓬ 96−7= ☐

⓭ 51−5= ☐   ⓮ 86−8= ☐   ⓯ 23−6= ☐

⓰ 33−4= ☐   ⓱ 42−4= ☐   ⓲ 76−8= ☐

⓳
$$\begin{array}{r} 9\ 4 \\ -\quad 5 \\ \hline \end{array}$$

⓴
$$\begin{array}{r} 5\ 4 \\ -\quad 7 \\ \hline \end{array}$$

㉑
$$\begin{array}{r} 8\ 4 \\ -\quad 6 \\ \hline \end{array}$$

㉒
$$\begin{array}{r} 3\ 1 \\ -\quad 4 \\ \hline \end{array}$$

㉓
$$\begin{array}{r} 6\ 3 \\ -\quad 8 \\ \hline \end{array}$$

㉔
$$\begin{array}{r} 5\ 0 \\ -\quad 2 \\ \hline \end{array}$$

㉕
$$\begin{array}{r} 9\ 5 \\ -\quad 9 \\ \hline \end{array}$$

㉖
$$\begin{array}{r} 7\ 3 \\ -\quad 5 \\ \hline \end{array}$$

월 일

㉗ $81-3=\square$ ㉘ $97-9=\square$ ㉙ $52-3=\square$

㉚ $45-7=\square$ ㉛ $32-6=\square$ ㉜ $88-9=\square$

㉝ $24-8=\square$ ㉞ $41-5=\square$ ㉟ $75-8=\square$

㊱ $90-2=\square$ ㊲ $21-3=\square$ ㊳ $44-7=\square$

㊴ $61-5=\square$ ㊵ $87-8=\square$ ㊶ $71-2=\square$

㊷ $30-4=\square$ ㊸ $43-7=\square$ ㊹ $91-5=\square$

㊺ $\begin{array}{r} 92 \\ -\ \ 3 \\ \hline \square \end{array}$ ㊻ $\begin{array}{r} 56 \\ -\ \ 7 \\ \hline \square \end{array}$ ㊼ $\begin{array}{r} 74 \\ -\ \ 8 \\ \hline \square \end{array}$ ㊽ $\begin{array}{r} 83 \\ -\ \ 9 \\ \hline \square \end{array}$

㊾ $\begin{array}{r} 40 \\ -\ \ 4 \\ \hline \square \end{array}$ ㊿ $\begin{array}{r} 62 \\ -\ \ 5 \\ \hline \square \end{array}$ (51) $\begin{array}{r} 93 \\ -\ \ 7 \\ \hline \square \end{array}$ (52) $\begin{array}{r} 55 \\ -\ \ 6 \\ \hline \square \end{array}$

자르는 선

문해결 뺄셈

❶ 54 − ☐ = 49   ❷ 38 − ☐ = 29   ❸ 30 − ☐ = 26

❹ 92 − ☐ = 86   ❺ 62 − ☐ = 57   ❻ 83 − ☐ = 78

❼ 61 − ☐ = 55   ❽ 82 − ☐ = 74   ❾ 53 − ☐ = 47

❿ 37 − ☐ = 28   ⓫ 73 − ☐ = 66   ⓬ 93 − ☐ = 89

⓭ 72 − ☐ = 68   ⓮ 56 − ☐ = 49   ⓯ 37 − ☐ = 28

⓰ 94 − ☐ = 85   ⓱ 91 − ☐ = 88   ⓲ 58 − ☐ = 49

⓳
```
   8 1
 −   ☐
 ─────
   7 3
```
⓴
```
   6 3
 −   ☐
 ─────
   5 8
```
㉑
```
   7 8
 −   ☐
 ─────
   6 9
```
㉒
```
   7 1
 −   ☐
 ─────
   6 8
```

㉓
```
   3 2
 −   ☐
 ─────
   2 8
```
㉔
```
   4 1
 −   ☐
 ─────
   3 7
```
㉕
```
   7 5
 −   ☐
 ─────
   6 7
```
㉖
```
   3 0
 −   ☐
 ─────
   2 6
```

㉗ 42 − ☐ = 35

㉘ 85 − ☐ = 77

㉙ 20 − ☐ = 11

㉚ 90 − ☐ = 85

㉛ 50 − ☐ = 42

㉜ 43 − ☐ = 37

㉝ 70 − ☐ = 68

㉞ 84 − ☐ = 79

㉟ 74 − ☐ = 68

㊱ 86 − ☐ = 79

㊲ 33 − ☐ = 28

㊳ 40 − ☐ = 33

㊴ 60 − ☐ = 52

㊵ 95 − ☐ = 87

㊶ 23 − ☐ = 15

㊷ 22 − ☐ = 16

㊸ 88 − ☐ = 79

㊹ 45 − ☐ = 36

㊺
```
   6 4
 −   ☐
 ─────
   5 7
```

㊻
```
   1 8
 −   ☐
 ─────
     9
```

㊼
```
   5 2
 −   ☐
 ─────
   4 5
```

㊽
```
   2 4
 −   ☐
 ─────
   1 8
```

㊾
```
   3 4
 −   ☐
 ─────
   2 9
```

㊿
```
   7 6
 −   ☐
 ─────
   6 9
```

�51
```
   4 6
 −   ☐
 ─────
   3 7
```

�52
```
   6 5
 −   ☐
 ─────
   5 7
```

✂
자르는 선

① 합 **61** | 53 | 8 | **45** 차

② 합 | 62 | 9 | 차

③ | 83 | 8 |

④ | 15 | 7 |

⑤ | 20 | 3 |

⑥ | 44 | 8 |

⑦ | 35 | 6 |

⑧ | 74 | 7 |

⑨ | 21 | 5 |

⑩ | 23 | 9 |

⑪ | 26 | 8 |

⑫ | 56 | 8 |

⑬ | 57 | 9 |

⑭ | 67 | 8 |

월   일

합			차

⑮ 합 | 24 | 9 | 차

⑯ 합 | 75 | 6 | 차

⑰ | 45 | 6 |

⑱ | 33 | 8 |

⑲ | 84 | 5 |

⑳ | 25 | 7 |

㉑ | 47 | 9 |

㉒ | 54 | 7 |

㉓ | 64 | 8 |

㉔ | 46 | 8 |

㉕ | 28 | 9 |

㉖ | 63 | 9 |

㉗ | 55 | 9 |

㉘ | 77 | 8 |

자르는 선

❶ 빨간 구슬이 **27**개, 파란 구슬이 **8**개 있습니다. 구슬은 모두 몇 개입니까?

$$\boxed{} + \boxed{} = \boxed{} \text{(개)}$$

❷ 수희네 집에는 동화책이 **36**권 있는데 과학책은 동화책보다 **9**권 더 많습니다. 과학책은 몇 권 있습니까?

$$\boxed{} + \boxed{} = \boxed{} \text{(권)}$$

❸ 농장에 소가 **67**마리, 사슴이 **5**마리 있습니다. 농장에는 소와 사슴이 모두 몇 마리 있습니까?

$$\boxed{} + \boxed{} = \boxed{} \text{(마리)}$$

❹ 진우 형의 나이는 **19**살입니다. **9**년 후에는 몇 살이 됩니까?

$$\boxed{} + \boxed{} = \boxed{} \text{(살)}$$

❺ 제기를 미나는 **24**번, 수호는 **7**번 찼습니다. 미나와 수호는 제기를 모두 몇 번 찼습니까?

$$\boxed{} + \boxed{} = \boxed{} \text{(번)}$$

❻ 버스에 **37**명이 타고 있습니다. 정류장에 도착하여 **6**명이 더 탔습니다. 지금 버스에 타고 있는 사람은 몇 명입니까?

$$\boxed{} + \boxed{} = \boxed{} \text{(명)}$$

❼ 화살 41개를 던졌는데 통 안에 넣지 못한 화살이 8개입니다. 통 안에 넣은 화살은 몇 개입니까?

$$\boxed{} - \boxed{} = \boxed{} \text{(개)}$$

❽ 지혜는 흰 바둑돌 27개와 검은 바둑돌 7개를 가지고 있습니다. 흰 바둑돌은 검은 바둑돌보다 몇 개 더 많습니까?

$$\boxed{} - \boxed{} = \boxed{} \text{(개)}$$

❾ 주연이는 색종이 31장을 가지고 있었습니다. 그중 6장을 사용했습니다. 남은 색종이는 몇 장입니까?

$$\boxed{} - \boxed{} = \boxed{} \text{(장)}$$

❿ 정호는 사탕을 52개 가지고 있습니다. 그중 9개를 동생에게 주었습니다. 정호에게 남은 사탕은 몇 개입니까?

$$\boxed{} - \boxed{} = \boxed{} \text{(개)}$$

⓫ 진호는 딱지를 24장, 성주는 7장 가지고 있습니다. 진호는 성주보다 몇 개 더 가지고 있습니까?

$$\boxed{} - \boxed{} = \boxed{} \text{(개)}$$

⓬ 할아버지가 62세이고 나는 7살입니다. 할아버지와 나의 나이 차는 몇 살입니까?

$$\boxed{} - \boxed{} = \boxed{} \text{(살)}$$

자르는 선

❶ $56+6-9=$ ☐

❷ $89+2-6=$ ☐

❸ $46+7-5=$ ☐

❹ $83+9-5=$ ☐

❺ $55+9-7=$ ☐

❻ $48+6-7=$ ☐

❼ $77+1-6=$ ☐

❽ $27+1-9=$ ☐

❾ $38+7-6=$ ☐

❿ $59+7-8=$ ☐

⓫ $47+6-4=$ ☐

⓬ $88+3-7=$ ☐

⓭ $75+5-9=$ ☐

⓮ $36+1-8=$ ☐

⓯ $65+9-4=$ ☐

⓰ $87+8-9=$ ☐

⓱ $26+4-8=$ ☐

⓲ $66+5-3=$ ☐

⓳ $37+4-8=$ ☐

⓴ $64+8-6=$ ☐

㉑ $17-5+8=\ \square$

㉒ $29-2+7=\ \square$

㉓ $84-5+7=\ \square$

㉔ $44-7+5=\ \square$

㉕ $25-9+7=\ \square$

㉖ $41-2+4=\ \square$

㉗ $76-8+5=\ \square$

㉘ $24-7+6=\ \square$

㉙ $45-7+9=\ \square$

㉚ $33-4+9=\ \square$

㉛ $34-5+8=\ \square$

㉜ $30-3+8=\ \square$

㉝ $58-6+7=\ \square$

㉞ $22-5+9=\ \square$

㉟ $82-3+4=\ \square$

㊱ $54-6+8=\ \square$

㊲ $53-5+6=\ \square$

㊳ $23-5+6=\ \square$

㊴ $78-4+9=\ \square$

㊵ $68-9+8=\ \square$

정 답

1주 (두 자리 수)+(한 자리 수) 1~2쪽

❶ 41 ❷ 61 ❸ 32 ❹ 71 ❺ 31 ❻ 81 ❼ 91 ❽ 84 ❾ 52 ❿ 31 ⓫ 20 ⓬ 91
⓭ 24 ⓮ 51 ⓯ 72 ⓰ 41 ⓱ 91 ⓲ 24 ⓳ 61 ⓴ 91 ㉑ 41 ㉒ 73 ㉓ 83 ㉔ 20
㉕ 51 ㉖ 96 ㉗ 71 ㉘ 31 ㉙ 52 ㉚ 62 ㉛ 41 ㉜ 92 ㉝ 93 ㉞ 61 ㉟ 71 ㊱ 21
㊲ 81 ㊳ 32 ㊴ 32 ㊵ 43 ㊶ 62 ㊷ 25 ㊸ 81 ㊹ 90 ㊺ 21 ㊻ 73 ㊼ 51 ㊽ 44
㊾ 61 ㊿ 42 51) 82 52) 56

2주 문해결 덧셈 3~4쪽

❶ 9 ❷ 3 ❸ 6 ❹ 7 ❺ 5 ❻ 9 ❼ 5 ❽ 7 ❾ 8 ❿ 6 ⓫ 4 ⓬ 5
⓭ 4 ⓮ 8 ⓯ 8 ⓰ 8 ⓱ 6 ⓲ 6 ⓳ 9 ⓴ 8 ㉑ 7 ㉒ 8 ㉓ 8 ㉔ 9
㉕ 4 ㉖ 7 ㉗ 9 ㉘ 5 ㉙ 8 ㉚ 7 ㉛ 8 ㉜ 7 ㉝ 6 ㉞ 7 ㉟ 8 ㊱ 8
㊲ 8 ㊳ 4 ㊴ 5 ㊵ 7 ㊶ 6 ㊷ 3 ㊸ 6 ㊹ 4 ㊺ 8 ㊻ 4 ㊼ 6 ㊽ 7
㊾ 6 ㊿ 3 51) 7 52) 5

3주 세 수의 덧셈 5~6쪽

❶ 35 ❷ 49 ❸ 46 ❹ 48 ❺ 61 ❻ 90 ❼ 87 ❽ 68 ❾ 30 ❿ 95 ⓫ 78 ⓬ 71
⓭ 58 ⓮ 37 ⓯ 97 ⓰ 97 ⓱ 97 ⓲ 57 ⓳ 84 ⓴ 71 ㉑ 54 ㉒ 38 ㉓ 23 ㉔ 68
㉕ 83 ㉖ 34 ㉗ 37 ㉘ 61 ㉙ 29 ㉚ 89 ㉛ 99 ㉜ 45 ㉝ 70 ㉞ 98 ㉟ 49 ㊱ 38
㊲ 89 ㊳ 78 ㊴ 55 ㊵ 71

4주 (두 자리 수)-(한 자리 수) 7~8쪽

❶ 69 ❷ 38 ❸ 58 ❹ 28 ❺ 19 ❻ 48 ❼ 18 ❽ 58 ❾ 37 ❿ 79 ⓫ 29 ⓬ 89
⓭ 46 ⓮ 78 ⓯ 17 ⓰ 29 ⓱ 38 ⓲ 68 ⓳ 89 ⓴ 47 ㉑ 78 ㉒ 27 ㉓ 55 ㉔ 48
㉕ 86 ㉖ 68 ㉗ 78 ㉘ 88 ㉙ 49 ㉚ 38 ㉛ 26 ㉜ 79 ㉝ 16 ㉞ 36 ㉟ 67 ㊱ 88
㊲ 18 ㊳ 37 ㊴ 56 ㊵ 79 ㊶ 69 ㊷ 26 ㊸ 36 ㊹ 86 ㊺ 89 ㊻ 49 ㊼ 66 ㊽ 74
㊾ 36 ㊿ 57 51) 86 52) 49

5주 문해결 뺄셈 9~10쪽

❶ 5 ❷ 9 ❸ 4 ❹ 6 ❺ 5 ❻ 5 ❼ 6 ❽ 8 ❾ 6 ❿ 9 ⓫ 7 ⓬ 4
⓭ 4 ⓮ 7 ⓯ 9 ⓰ 9 ⓱ 3 ⓲ 9 ⓳ 8 ⓴ 5 ㉑ 9 ㉒ 3 ㉓ 4 ㉔ 4
㉕ 8 ㉖ 4 ㉗ 7 ㉘ 8 ㉙ 9 ㉚ 5 ㉛ 8 ㉜ 6 ㉝ 2 ㉞ 5 ㉟ 6 ㊱ 7
㊲ 5 ㊳ 7 ㊴ 8 ㊵ 8 ㊶ 8 ㊷ 6 ㊸ 9 ㊹ 9 ㊺ 7 ㊻ 9 ㊼ 7 ㊽ 6
㊾ 5 ㊿ 7 51) 9 52) 8

6주 덧셈과 뺄셈 11~12쪽

❶ 61,45 ❷ 71,53 ❸ 91,75 ❹ 22,8 ❺ 23,17 ❻ 52,36
❼ 41,29 ❽ 81,67 ❾ 26,16 ❿ 32,14 ⓫ 34,18 ⓬ 64,48
⓭ 66,48 ⓮ 75,59 ⓯ 33,15 ⓰ 81,69 ⓱ 51,39 ⓲ 41,25
⓳ 89,79 ⓴ 32,18 ㉑ 56,38 ㉒ 61,47 ㉓ 72,56 ㉔ 54,38
㉕ 37,19 ㉖ 72,54 ㉗ 64,46 ㉘ 85,69

7주 문장제 13~14쪽

❶ 27,8,35 ❷ 36,9,45 ❸ 67,5,72 ❹ 19,9,28 ❺ 24,7,31 ❻ 37,6,43
❼ 41,8,33 ❽ 27,7,20 ❾ 31,6,25 ❿ 52,9,43 ⓫ 24,7,17 ⓬ 62,7,55

8주 문해결 연산 15~16쪽

❶ 53 ❷ 85 ❸ 48 ❹ 87 ❺ 57 ❻ 47 ❼ 72 ❽ 19 ❾ 39 ❿ 58 ⓫ 49 ⓬ 84
⓭ 71 ⓮ 29 ⓯ 70 ⓰ 86 ⓱ 22 ⓲ 68 ⓳ 33 ⓴ 66 ㉑ 20 ㉒ 34 ㉓ 86 ㉔ 42
㉕ 23 ㉖ 43 ㉗ 73 ㉘ 23 ㉙ 47 ㉚ 38 ㉛ 37 ㉜ 35 ㉝ 59 ㉞ 26 ㉟ 83 ㊱ 56
㊲ 54 ㊳ 24 ㊴ 83 ㊵ 67

사고셈

이 책의 구성과 특징

생각의 힘을 키우는 사고(思考)셈은 1주 4개, 8주 32개의 사고력 유형 학습을 통해 수와 연산에 대한 개념의 응용력(추론 및 문제해결능력)을 키울 수 있도록 하였습니다.

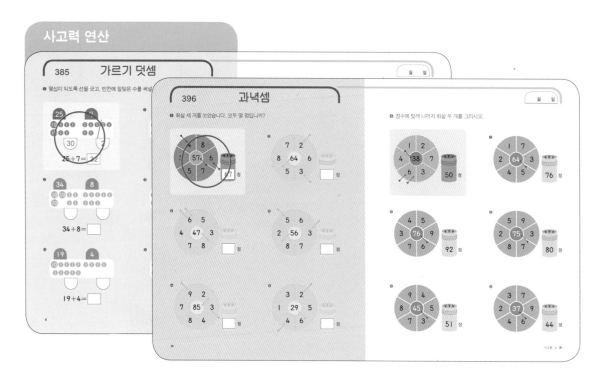

✤ 대표 사고력 유형으로 연산 원리를 쉽게쉽게
✤ 1~4일차: 다양한 유형의 주 진도 학습

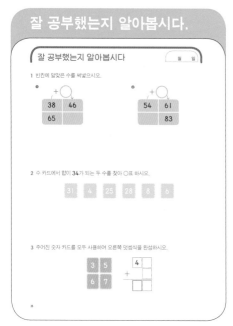

✤ 5일차 점검 학습: 주 진도 학습 확인

◦ 권두부록 (기본연산 Check-Book)

기본연산 Check-Book

1주 (두 자리 수)+(한 자리 수)

- 37+4=☐   - 53+8=☐   - 29+3=☐
- 63+8=☐   - 24+7=☐   - 73+8=☐
- 84+7=☐   - 79+5=☐   - 43+9=☐
- 28+3=☐   - 11+9=☐   - 83+8=☐
- 15+9=☐   - 47+4=☐   - 68+4=☐
- 33+8=☐   - 85+6=☐   - 17+7=☐

- 5 8   - 8 6   - 3 4   - 6 7
  + 3   + 5   + 7   + 6
  ☐   ☐   ☐   ☐

- 7 5   - 1 4   - 4 6   - 8 7
  + 8   + 6   + 5   + 9
  ☐   ☐   ☐   ☐

1주 (두 자리 수)+(한 자리 수)   월 일

- 64+7=☐   - 25+6=☐   - 44+8=☐
- 54+8=☐   - 32+9=☐   - 89+3=☐
- 88+5=☐   - 57+4=☐   - 65+6=☐
- 13+8=☐   - 74+7=☐   - 27+5=☐
- 23+9=☐   - 38+5=☐   - 55+7=☐
- 19+6=☐   - 78+3=☐   - 81+9=☐

- 1 2   - 6 6   - 4 5   - 3 6
  + 9   + 7   + 6   + 8
  ☐   ☐   ☐   ☐

- 5 6   - 3 9   - 7 6   - 4 8
  + 5   + 3   + 6   + 8
  ☐   ☐   ☐   ☐

⬦ 본 학습 전 기본연산 실력 진단

◦ 권말부록 (G-Book)

Guide Book(정답 및 해설)

400   도형 연결   월 일

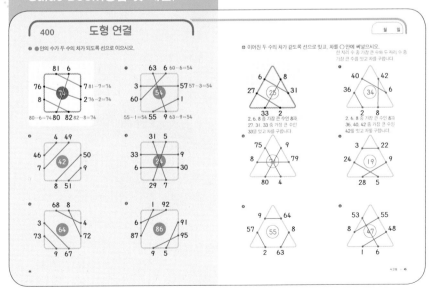

⬦ 문제와 답을 한 눈에!

⬦ 상세한 풀이와 친절한 해설, 답

학습 효과 및 활용법

 학습 효과

수학적 사고력 향상

생각의 다양성 향상

스스로 생각을 만드는 직관 학습

추론능력, 문제해결력 향상

연산의 원리 이해

수·연산 영역 완벽 대비

다양한 유형으로 수 조작력 향상

진도 학습 및 점검 학습으로
연산 학습 완성

사고셈

 주차별 활용법

1단계
기본연산
Check-Book으로
준비 학습

→

2단계
사고력 유형으로
진도 학습

→

3단계
마무리 문제로
점검 학습

1단계 : 기본연산 Check-Book으로 사고력 연산을 위한 준비 학습을 합니다.
2단계 : 사고력 유형으로 사고력 연산의 진도 학습을 합니다.
3단계 : 한 주마다 점검 학습(잘 공부했는지 알아봅시다)으로 사고력 향상을 확인합니다.

학습 구성

이 책의 학습 로드맵

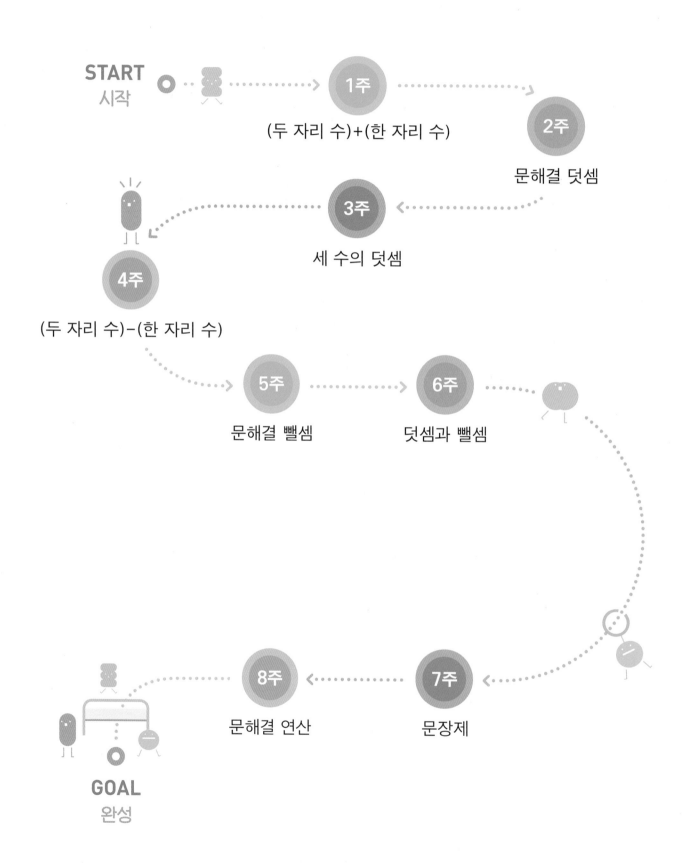

START 시작

1주
(두 자리 수)+(한 자리 수)

2주
문해결 덧셈

3주
세 수의 덧셈

4주
(두 자리 수)-(한 자리 수)

5주
문해결 뺄셈

6주
덧셈과 뺄셈

7주
문장제

8주
문해결 연산

GOAL 완성

1 (두 자리 수) +(한 자리 수)

가르기 덧셈

● 몇십이 되도록 선을 긋고, 빈칸에 알맞은 수를 써넣으시오.

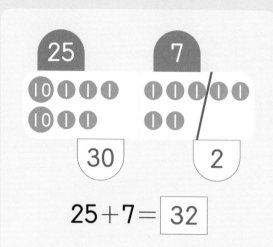

25 + 7 = 32

①

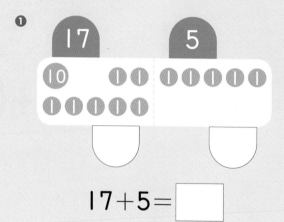

17 + 5 = ☐

②

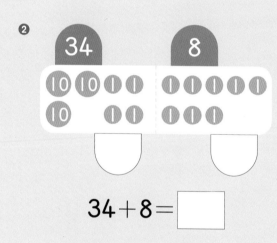

34 + 8 = ☐

③

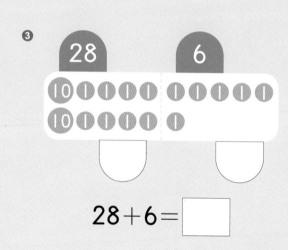

28 + 6 = ☐

④

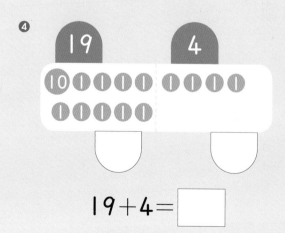

19 + 4 = ☐

⑤

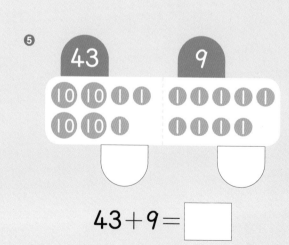

43 + 9 = ☐

✚ 몇십이 되도록 더하는 수를 갈라 덧셈을 하시오.

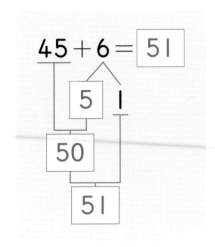

$45 + 6 = \boxed{51}$

① $18 + 4 = \boxed{}$

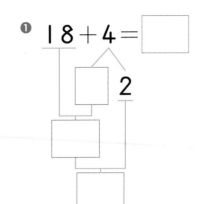

② $74 + 7 = \boxed{}$

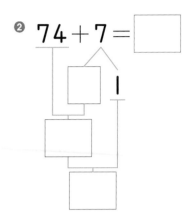

③ $89 + 6 = \boxed{}$

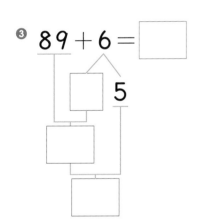

④ $67 + 6 = \boxed{}$

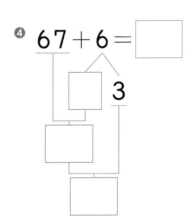

⑤ $53 + 8 = \boxed{}$

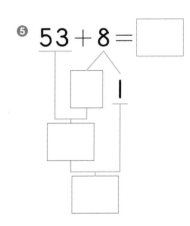

⑥ $78 + 9 = \boxed{}$

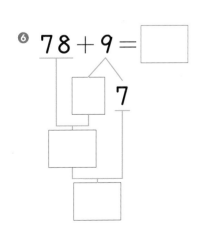

⑦ $85 + 7 = \boxed{}$

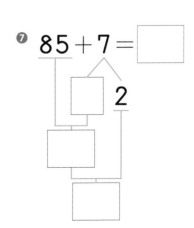

⑧ $36 + 5 = \boxed{}$

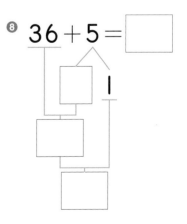

갈림길

● 계산에 맞게 선을 그으시오.

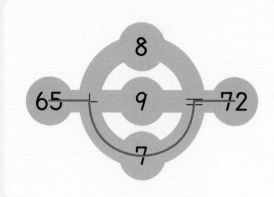

❶

73 + 8 = 81

1
9

❷

28 + 4 = 30

2
5

❸

34 + 9 = 43

3
6

❹

17 + 1 = 21

8
4

❺

78 + 6 = 85

7
5

❻

86 + 5 = 91

3
1

❼

59 + 9 = 65

2
6

✚ 계산에 맞게 빈칸에 알맞은 수를 써넣으시오.

$$86 + \begin{matrix} 5 = 91 \\ 2 = 88 \\ 7 = 93 \end{matrix}$$

❶
$$23 + \begin{matrix} 4 = \bigcirc \\ 9 = \bigcirc \\ 7 = \bigcirc \end{matrix}$$

❷
$$54 + \begin{matrix} 7 = \bigcirc \\ 4 = \bigcirc \\ 9 = \bigcirc \end{matrix}$$

❸
$$47 + \begin{matrix} 3 = \bigcirc \\ 4 = \bigcirc \\ 6 = \bigcirc \end{matrix}$$

❹
$$77 + \begin{matrix} 2 = \bigcirc \\ 4 = \bigcirc \\ 9 = \bigcirc \end{matrix}$$

❺
$$16 + \begin{matrix} 5 = \bigcirc \\ 3 = \bigcirc \\ 7 = \bigcirc \end{matrix}$$

고치기

● 틀린 답을 찾아 바르게 고치시오.

28+3=31
95+4=99
27+6=~~23~~ 33
36+7=43

❶
69+8=77
76+6=82
43+9=53
52+2=54

❷
23+6=29
86+9=94
24+7=31
53+8=61

❸
63+7=70
32+3=35
75+5=80
48+2=40

❹
76+6=84
48+8=56
64+6=70
27+3=30

❺
55+5=60
24+9=33
93+4=98
84+8=92

✚ 틀린 답을 찾아 바르게 고치시오.

```
   21        97        42        66        58
 +  4      +  2      +  9      +  7      +  5
 ─────     ─────     ─────     ─────     ─────
   25        99        51        73        6̸4̸
                                           63
```

❶
```
   79        47        15        66        58
 +  6      +  8      +  1      +  7      +  5
 ─────     ─────     ─────     ─────     ─────
   85        45        16        73        63
```

❷
```
   60        88        28        73        52
 +  8      +  4      +  6      +  9      +  3
 ─────     ─────     ─────     ─────     ─────
   68        92        34        76        55
```

❸
```
   95        17        64        39        46
 +  8      +  5      +  7      +  2      +  1
 ─────     ─────     ─────     ─────     ─────
  103        22        63        41        47
```

모으기셈

● 선으로 연결된 두 수를 모으기 하여 빈칸에 알맞은 수를 써넣으시오.

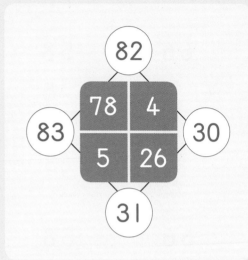

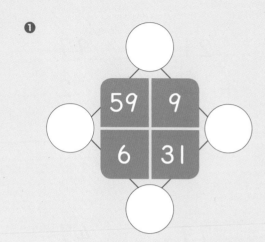

❶

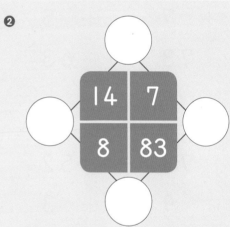

❷

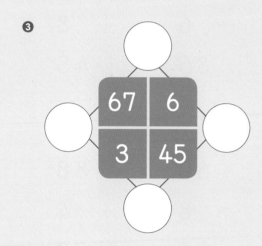

❸

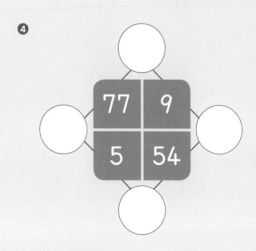

❹

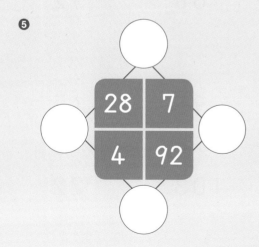

❺

➕ ⬤ 안의 수는 선으로 연결된 두 수의 합입니다. 빈칸에 알맞은 수를 써넣으시오.

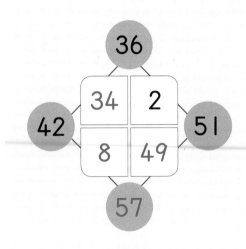

❶
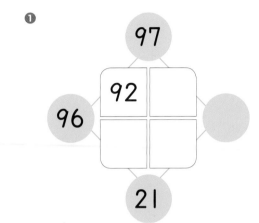

❷
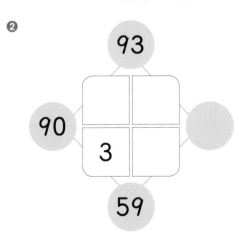

❸
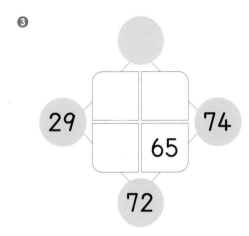

❹
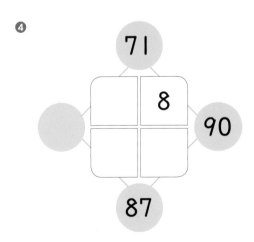

❺
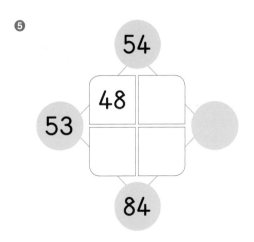

잘 공부했는지 알아봅시다

1 □ 안에 알맞은 수를 써넣으시오.

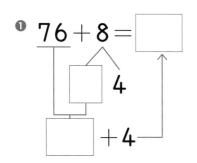

❶ $76 + 8 = \boxed{}$

4

$+4$

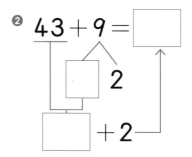

❷ $43 + 9 = \boxed{}$

2

$+2$

2 바르게 계산한 것은 어느 것입니까?

❶ $\begin{array}{r} 65 \\ + \ 7 \\ \hline 62 \end{array}$
❷ $\begin{array}{r} 73 \\ + \ 8 \\ \hline 75 \end{array}$
❸ $\begin{array}{r} 47 \\ + \ 7 \\ \hline 44 \end{array}$
❹ $\begin{array}{r} 54 \\ + \ 9 \\ \hline 63 \end{array}$
❺ $\begin{array}{r} 87 \\ + \ 6 \\ \hline 81 \end{array}$

3 관계 있는 것끼리 선으로 이으시오.

$42 + 4$ $37 + 7$ $46 + 9$

$47 + 8$ $39 + 7$ $41 + 3$

2 문해결 덧셈

숫자 카드 세로셈

● 주어진 숫자 카드를 모두 사용하여 덧셈식을 완성하시오.

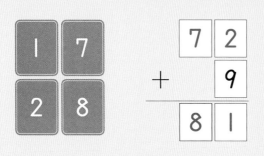

보기
```
  7 2
+   9
  8 1
```

❶

```
    □ □
  +   □
    4 □
```

❷

카드: 8 4 6 5

```
    □ □
  +   8
    □ □
```

❸

카드: 5 5 6 7

```
    □ □
  +   □
    □ 0
```

❹

카드: 9 5 6 1

```
    8 □
  +   □
    □ □
```

❺

카드: 7 2 1 3

```
    □ 6
  +   □
    □ □
```

❻

카드: 8 1 7 9

```
    □ 4
  +   □
    □ □
```

❼

카드: 6 4 5 7

```
    □ □
  +   □
    □ 3
```

➕ 주어진 숫자 카드를 모두 사용해서 덧셈식을 만드시오.

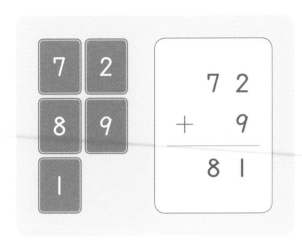

❶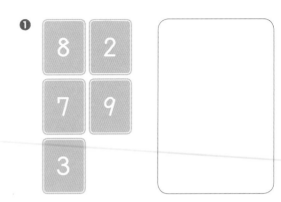

❷

❸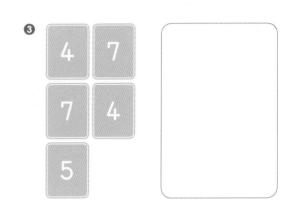

❹

❺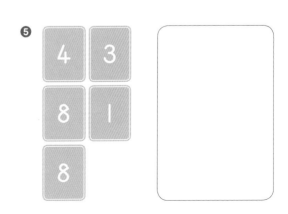

짝꿍

● 합이 같도록 두 수씩 짝을 지으시오.

28
3
24
7

①

85
80
1
6

②

8
5
50
47

③

2
48
8
54

④

68
4
63
9

⑤

34
38
7
3

⑥

2
79
72
9

⑦

4
37
41
8

⑧

6
86
5
85

⊕ 연결된 두 수의 합이 서로 같습니다. 빈칸에 알맞은 수를 써넣으시오.

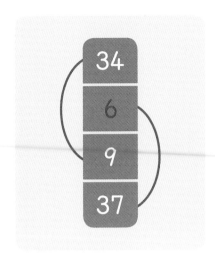

❶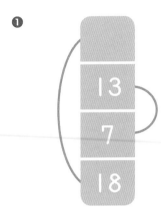

❷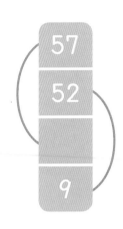

❸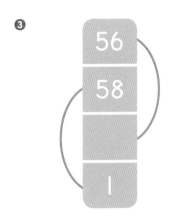

❹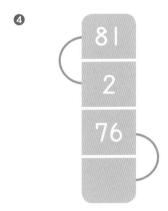

❺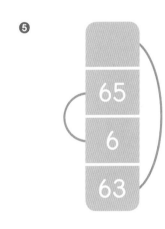

❻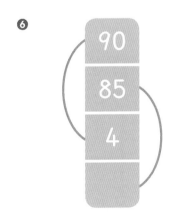

❼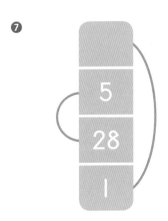

❽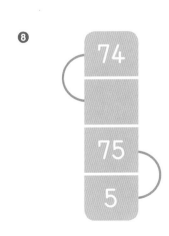

두 수 묶기

● ● 안의 수가 합이 되는 두 수를 찾아 ⬭ 또는 ▯ 를 그리시오.

34

28	6
4	31

① **74**

65	6
9	64

② **28**

27	7
5	23

③ **59**

51	8
9	49

④ **97**

92	9
6	88

⑤ **82**

75	6
7	73

⑥ **36**

28	8
5	29

⑦ **41**

42	1
9	40

⑧ **23**

19	6
7	16

⑨ **77**

74	3
9	69

✛ ● 안의 수가 합이 되는 두 수를 찾아 ☐ 또는 ☐를 그리시오.

81

4	75	8
74	7	80

❶ **66**

59	8	60
9	58	7

❷ **91**

88	4	87
2	86	6

❸ **47**

45	2	38
6	43	8

❹ **39**

8	29	9
31	7	28

❺ **84**

80	2	81
3	79	5

❻ **54**

9	50	7
49	6	47

❼ **72**

65	9	70
8	64	3

❽ **63**

4	59	3
60	5	61

❾ **25**

16	7	14
9	20	4

바람개비

● 가로, 세로로 두 수의 합을 빈칸에 써넣으시오.

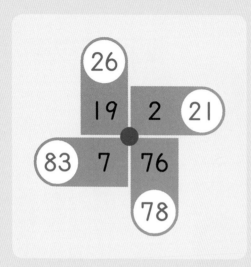

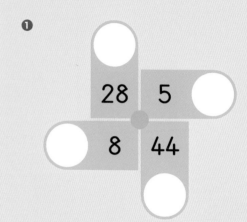

❶

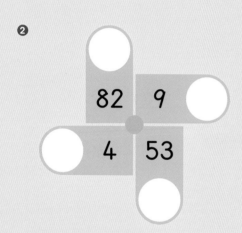

❷

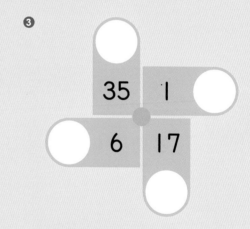

❸

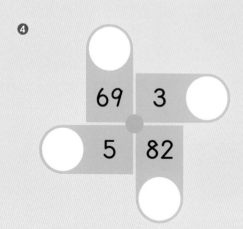

❹

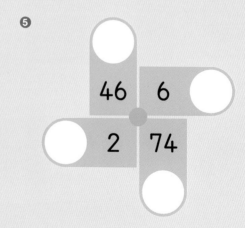

❺

⊕ 가로, 세로로 두 수의 합입니다. 빈칸에 알맞은 수를 써넣으시오.

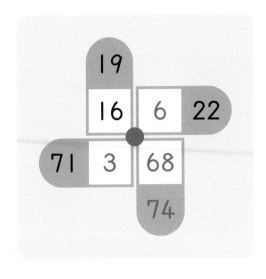

❶
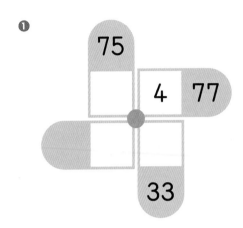

❷
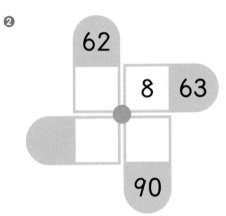

❸
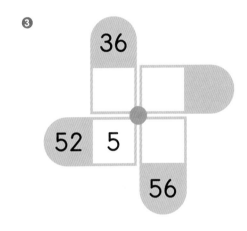

❹
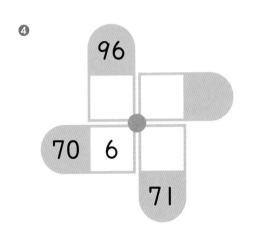

❺
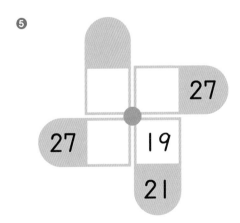

1 빈칸에 알맞은 수를 써넣으시오.

❶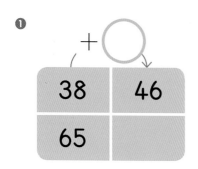

❷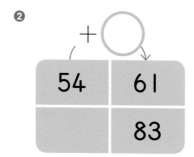

2 수 카드에서 합이 **34**가 되는 두 수를 찾아 ○표 하시오.

31   4   25   28   8   6

3 주어진 숫자 카드를 모두 사용하여 오른쪽 덧셈식을 완성하시오.

3   5
6   7

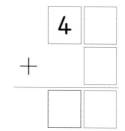

세 수의 덧셈

자동차 길

● 길을 따라 계산하여 빈칸에 알맞은 수를 써넣으시오.

17 +7 +4 = 30
+9 +8

❶ 31 +8 +2 □
+5 +6

❷ 62 +6 +1 □
+7 +2

❸ 25 +9 +4 □
+8 +3

❹ 91 +8 +7 □
+4 +1

❺ 87 +5 +2 □
+3 +6

❻ 58 +8 +3 □
+9 +4

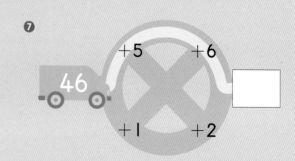

❼ 46 +5 +6 □
+1 +2

♦ 계산 결과에 맞게 자동차 길을 그으시오.

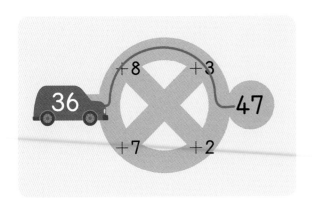

①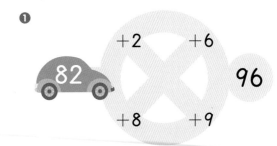

②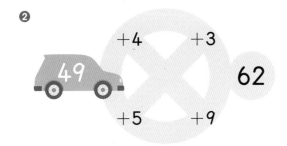

③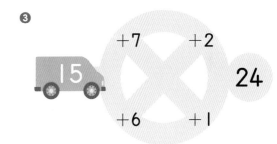

④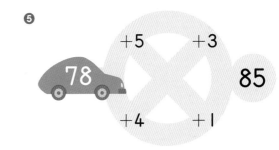

⑤

⑥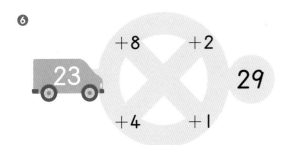

⑦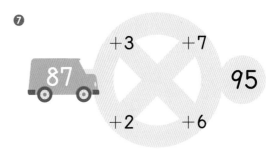

애드벌룬

● 세 수의 합이 [   ] 안의 수가 되도록 필요 없는 풍선에 ×표 하시오.

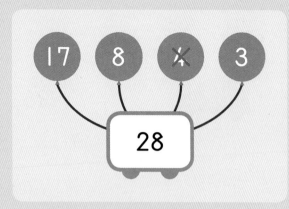

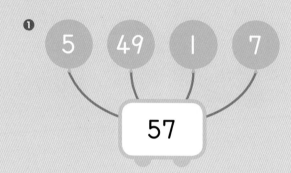

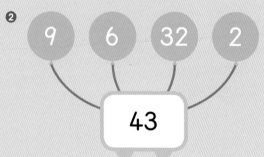

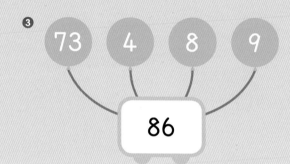

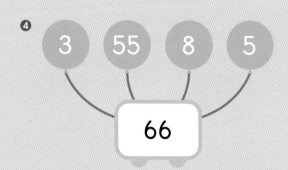

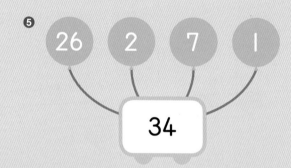

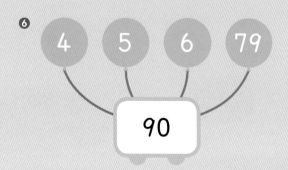

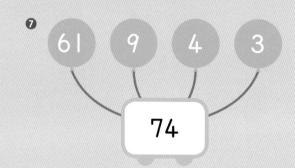

● 세 수의 합이 ◯ 안의 수가 되도록 필요 없는 두 개의 풍선에 ×표 하시오.

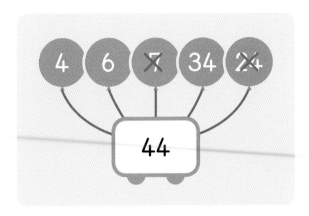

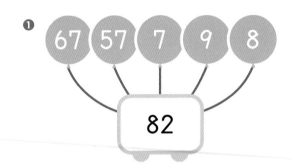

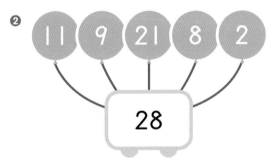

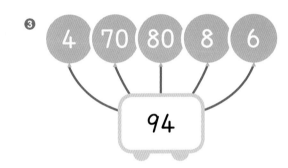

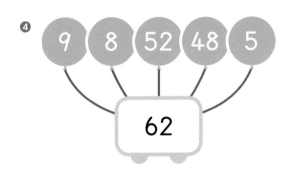

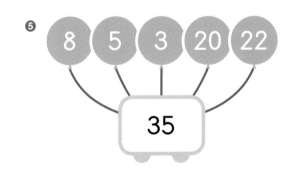

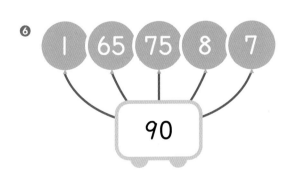

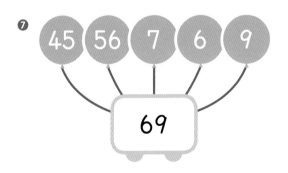

+ 지우기

/ 표시된 +를 지우고 두 자리 수를 만든 다음 덧셈을 하시오.

$3+4\not+6+7=\boxed{56}$

① $5+1+8\not+2=\boxed{}$

② $2\not+9+5+5=\boxed{}$

③ $6\not+7+1+4=\boxed{}$

④ $8+3+3\not+9=\boxed{}$

⑤ $4\not+2+6+5=\boxed{}$

⑥ $1\not+7+4+2=\boxed{}$

⑦ $3+9\not+1+5=\boxed{}$

⑧ $6+7\not+6+8=\boxed{}$

⑨ $5+8+3\not+4=\boxed{}$

⑩ $9+5+6\not+4=\boxed{}$

⑪ $2\not+4+7+8=\boxed{}$

⑫ $4+4\not+1+2=\boxed{}$

⑬ $7+3\not+6+5=\boxed{}$

⊕ 덧셈식에 맞게 ＋를 하나 지우고 올바른 식을 쓰시오.

5̸+8+3+2=63   58+3+2=63

① 1+6+8+9=96

② 2+3+7+5=44

③ 9+4+6+2=75

④ 7+5+8+5=88

⑤ 2+1+4+9=34

⑥ 6+1+3+8=27

⑦ 7+2+4+3=52

과녁셈

● 화살 세 개를 쏘았습니다. 모두 몇 점입니까?

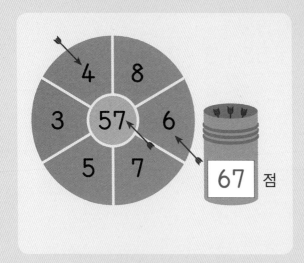

❶

7 2
8 64 6
5 3

☐ 점

❷

6 5
4 47 3
7 8

☐ 점

❸

5 6
2 56 3
8 7

☐ 점

❹

9 2
7 85 3
8 4

☐ 점

❺

3 2
1 29 5
4 6

☐ 점

➕ 점수에 맞게 나머지 화살 두 개를 그리시오.

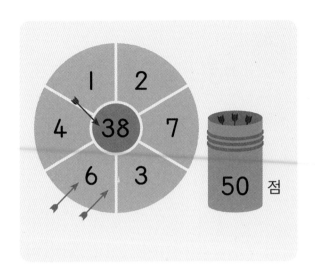

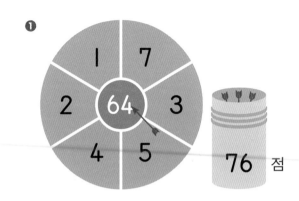

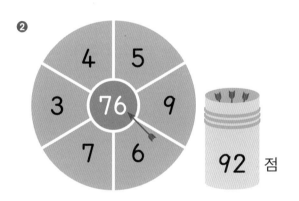

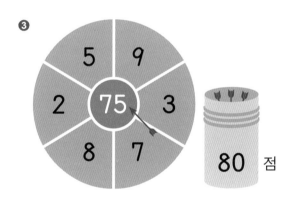

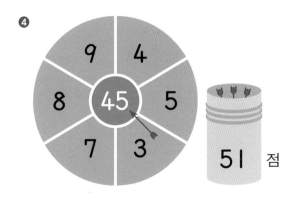

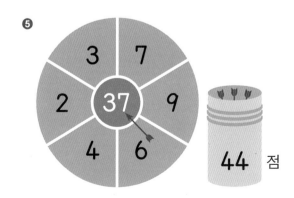

1 계산 결과에 맞게 자동차 길을 그으시오.

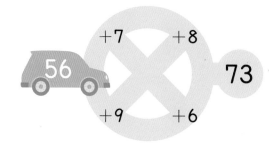

2 덧셈식에 맞게 ＋를 하나 지우고 올바른 식을 쓰시오.

❶ $3+7+8+4=49$

❷ $7+5+4+2=54$

_____

_____

3 화살 세 개를 쏘았습니다. 점수에 맞게 나머지 두 개의 화살을 그리시오.

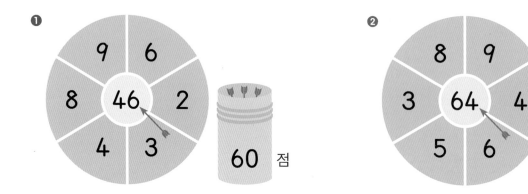

36

4 (두 자리 수) −(한 자리 수)

가르기 뺄셈

● 몇십과 십 몇으로 가르기 한 것입니다. 빼는 수만큼 /로 지우고 빈칸을 채우시오.

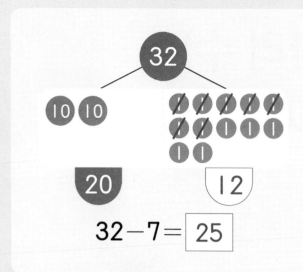

$$32 - 7 = 25$$

❶
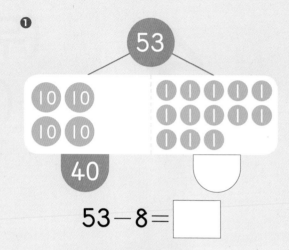

$$53 - 8 = \boxed{}$$

❷
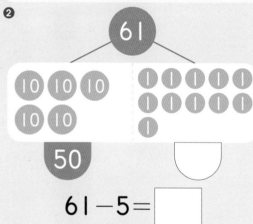

$$61 - 5 = \boxed{}$$

❸
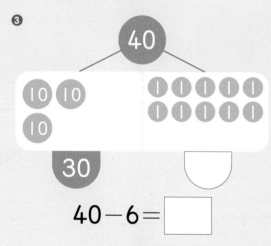

$$40 - 6 = \boxed{}$$

❹
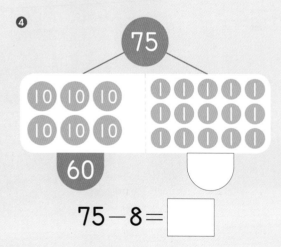

$$75 - 8 = \boxed{}$$

❺
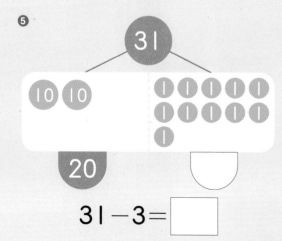

$$31 - 3 = \boxed{}$$

✦ 몇십과 십 몇으로 갈라 뺄셈을 하시오.

$67 - 9 =$ $\boxed{58}$

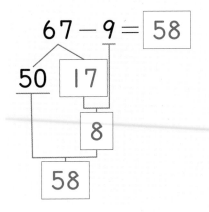

❶ $85 - 7 =$ $\boxed{}$

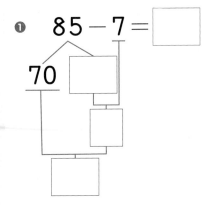

❷ $24 - 5 =$ $\boxed{}$

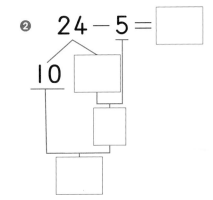

❸ $33 - 8 =$ $\boxed{}$

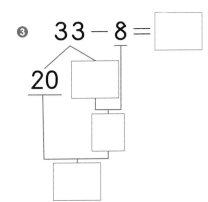

❹ $58 - 9 =$ $\boxed{}$

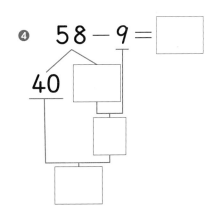

❺ $66 - 8 =$ $\boxed{}$

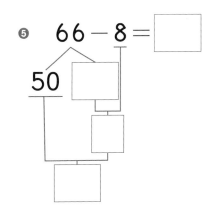

❻ $71 - 4 =$ $\boxed{}$

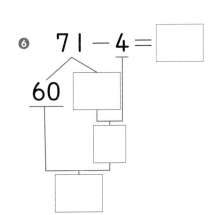

❼ $42 - 6 =$ $\boxed{}$

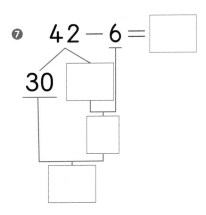

❽ $92 - 9 =$ $\boxed{}$

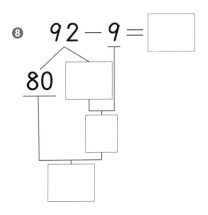

하우스

● 뺄셈을 하여 빈칸에 알맞은 수를 써넣으시오.

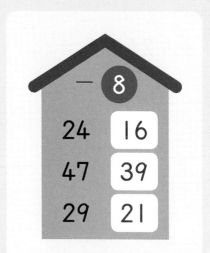

-8

24	16
47	39
29	21

❶

-6

34	
82	
55	

❷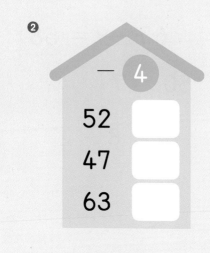

-4

52	
47	
63	

❸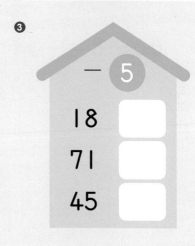

-5

18	
71	
45	

❹

-3

26	
97	
60	

❺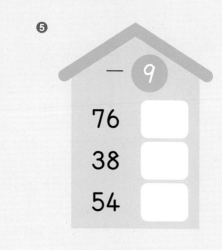

-9

76	
38	
54	

❻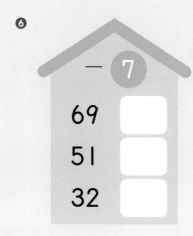

-7

69	
51	
32	

❼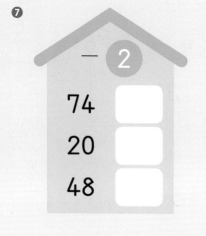

-2

74	
20	
48	

❽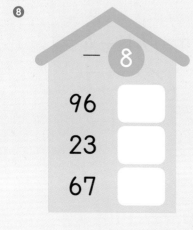

-8

96	
23	
67	

➕ 빈칸에 알맞은 수를 써넣으시오.

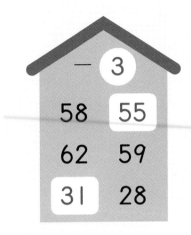

－ ③

58	55
62	59
31	28

❶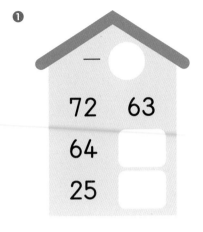

－ ◯

72	63
64	
25	

❷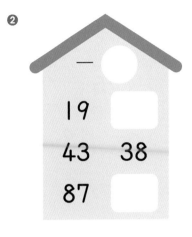

－ ◯

19	
43	38
87	

❸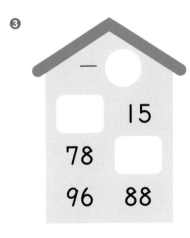

－ ◯

	15
78	
96	88

❹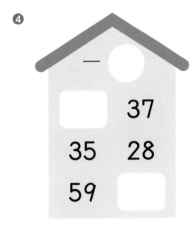

－ ◯

	37
35	28
59	

❺

－ ◯

65	61
	80
	73

❻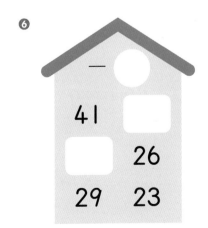

－ ◯

41	
	26
29	23

❼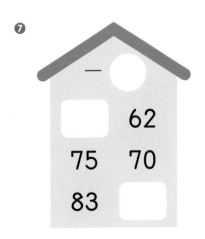

－ ◯

	62
75	70
83	

❽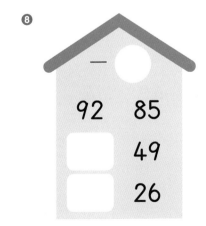

－ ◯

92	85
	49
	26

가지셈

● 왼쪽 수에서 오른쪽 수를 빼어 아래에 쓴 것입니다. 빈칸에 알맞은 수를 써넣으시오.

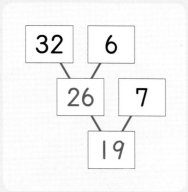

❶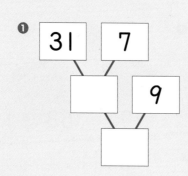

❷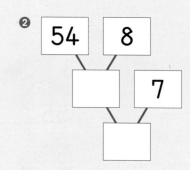

❸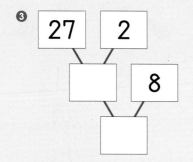

❹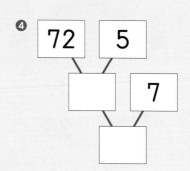

❺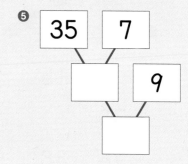

❻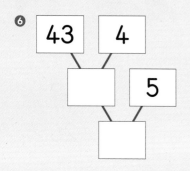

❼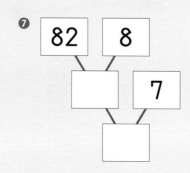

❽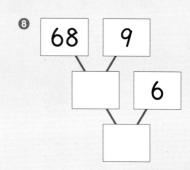

⊕ 왼쪽 수에서 오른쪽 수를 빼어 아래에 쓴 것입니다. 빈칸에 알맞은 수를 써넣으시오.

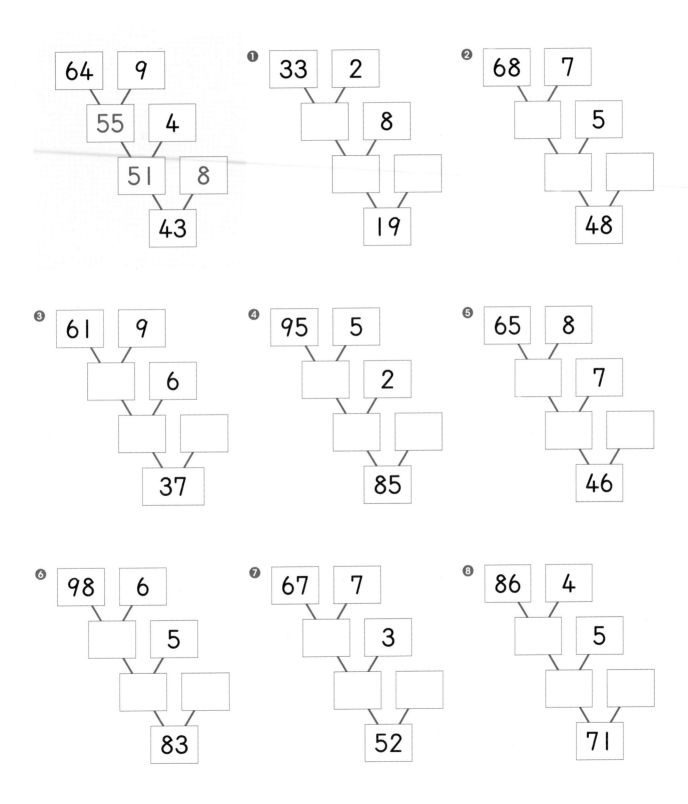

도형 연결

● ● 안의 수가 두 수의 차가 되도록 선으로 이으시오.

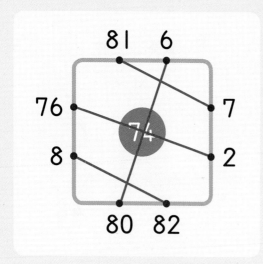

❶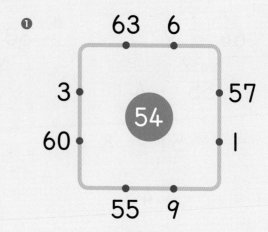

❷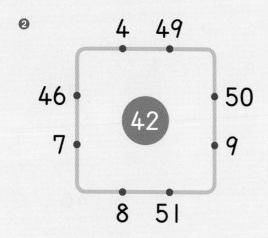

❸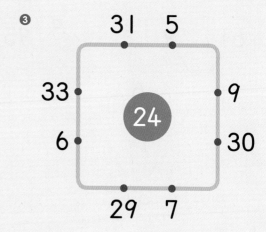

❹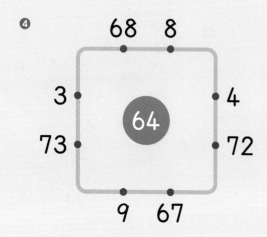

❺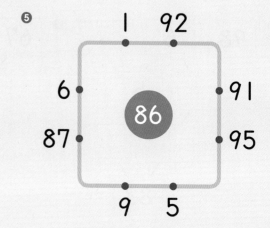

♦ 이어진 두 수의 차가 같도록 선으로 잇고, 차를 ○ 안에 써넣으시오.

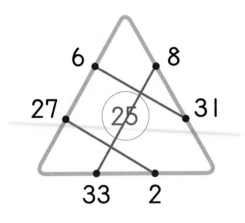

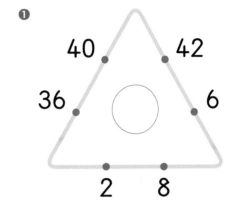

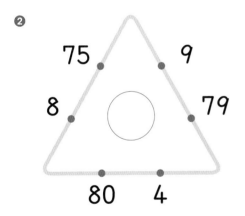

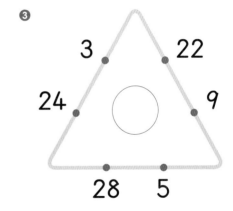

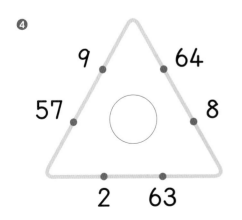

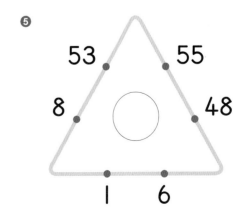

1 빈칸에 알맞은 수를 써넣으시오.

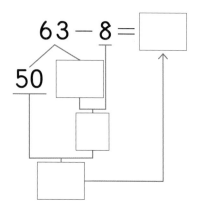

2 그림을 보고 빈칸에 알맞은 수를 써넣으시오.

❶

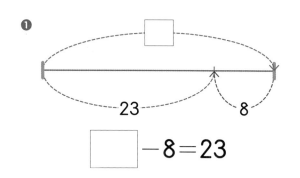

$\boxed{} - 8 = 23$

❷

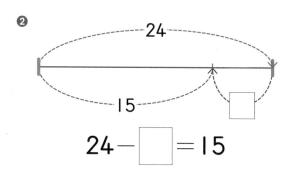

$24 - \boxed{} = 15$

3 빈칸에 알맞은 수를 써넣으시오.

❶

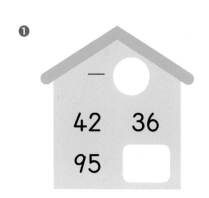

❷

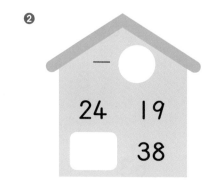

5 문해결 뺄셈

숫자 카드 목표수

● 숫자 카드를 사용하여 뺄셈식을 완성하시오.

[보기]

2 5 3

2 3 − 5 = 18

❶

5 7 1

□□ − □ = 66

❷

6 9 4

□□ − □ = 37

❸

2 6 8

□□ − □ = 54

❹

3 7 8

□□ − □ = 65

❺

9 2 5

□□ − □ = 87

❻

1 4 6

□□ − □ = 35

❼

3 9 6

□□ − □ = 54

✚ 숫자 카드를 사용하여 계산 결과에 맞는 뺄셈식을 만드시오.

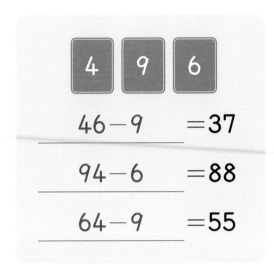

$46 - 9 = 37$

$94 - 6 = 88$

$64 - 9 = 55$

❶

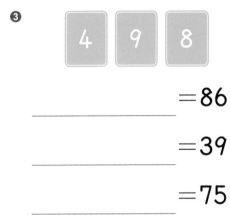

_____ $= 25$

_____ $= 7$

_____ $= 58$

❷

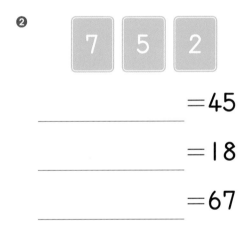

_____ $= 45$

_____ $= 18$

_____ $= 67$

❸

_____ $= 86$

_____ $= 39$

_____ $= 75$

❹

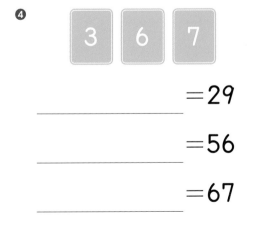

_____ $= 29$

_____ $= 56$

_____ $= 67$

❺

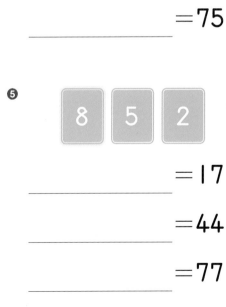

_____ $= 17$

_____ $= 44$

_____ $= 77$

사탕셈

◑ 위에서 아래로, 왼쪽에서 오른쪽으로 뺄셈을 하시오.

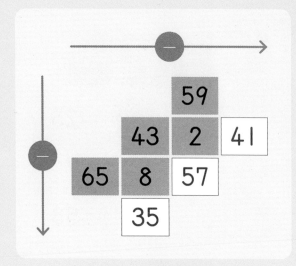

①

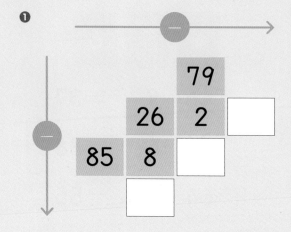

②

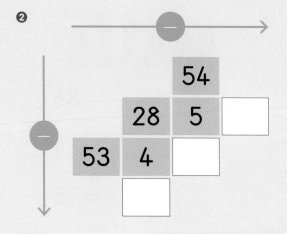

③

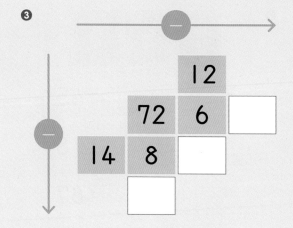

④

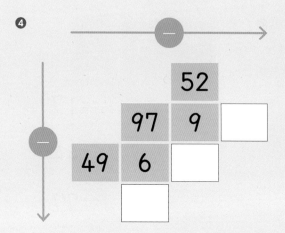

⑤

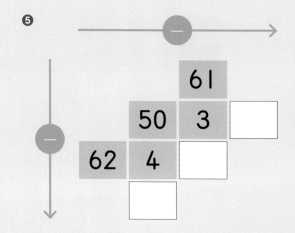

✚ 빈칸에 알맞은 수를 써넣으시오.

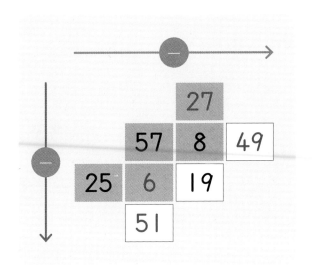

❶
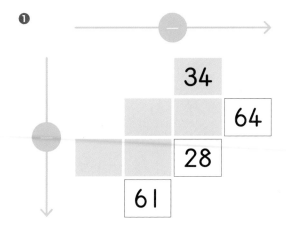

❷
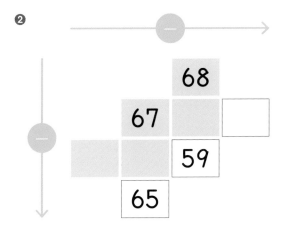

❸
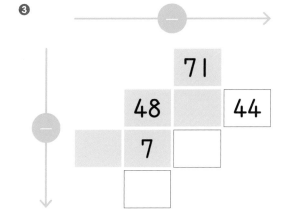

❹
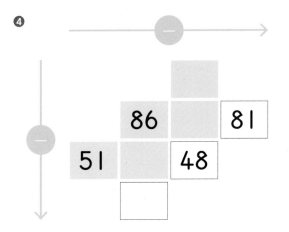

❺
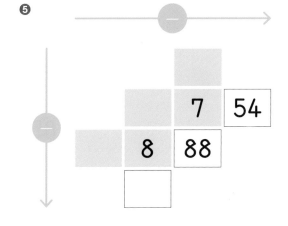

큰 차 작은 차

403

● 숫자 카드 중 세 장을 사용하여 뺄셈식을 완성하시오.

| 5 | 4 | 3 | 9 |

큰 차 : $\boxed{9}\,\boxed{5} - \boxed{3} = 92$

작은 차 : $\boxed{3}\,\boxed{4} - \boxed{9} = 25$

❶ | 6 | 8 | 7 | 2 |

큰 차 : $\boxed{}\,\boxed{} - \boxed{} = 85$

작은 차 : $\boxed{}\,\boxed{} - \boxed{} = 18$

❷ | 3 | 7 | 9 | 1 |

큰 차 : $\boxed{}\,\boxed{} - \boxed{} = 96$

작은 차 : $\boxed{}\,\boxed{} - \boxed{} = 4$

❸ | 4 | 2 | 5 | 8 |

큰 차 : $\boxed{}\,\boxed{} - \boxed{} = 83$

작은 차 : $\boxed{}\,\boxed{} - \boxed{} = 16$

❹ | 6 | 8 | 2 | 7 |

큰 차 : $\boxed{}\,\boxed{} - \boxed{} = 85$

작은 차 : $\boxed{}\,\boxed{} - \boxed{} = 18$

❺ | 3 | 4 | 2 | 9 |

큰 차 : $\boxed{}\,\boxed{} - \boxed{} = 92$

작은 차 : $\boxed{}\,\boxed{} - \boxed{} = 14$

✚ 숫자 카드 중 세 장을 사용하여 (두 자리 수)ー(한 자리 수) 계산을 할 때 가장 큰 차와 가장 작은 차를 구하시오.

큰 차 : $65-3=62$

작은 차 : $34-6=28$

❶

큰 차 : _____

작은 차 : _____

❷

큰 차 : _____

작은 차 : _____

❸

큰 차 : _____

작은 차 : _____

❹

큰 차 : _____

작은 차 : _____

❺

큰 차 : _____

작은 차 : _____

사다리 타기

● 빈칸에 알맞은 수를 써넣으시오.

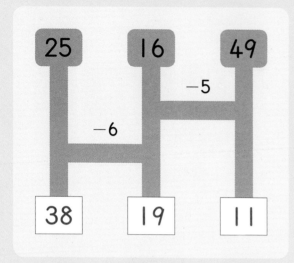

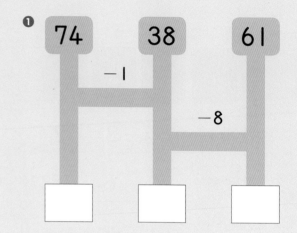

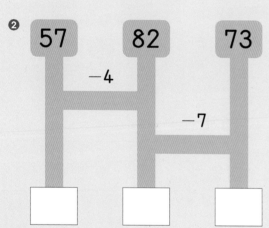

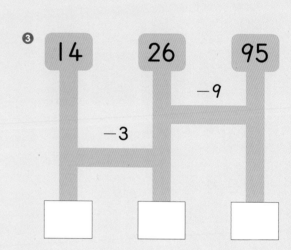

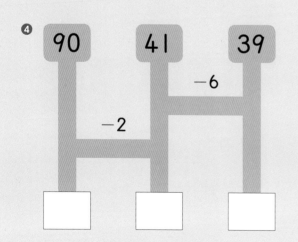

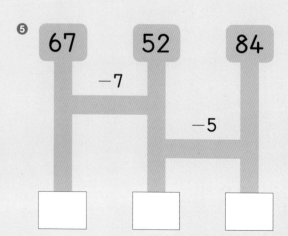

➕ 빈칸에 알맞은 수를 써넣으시오.

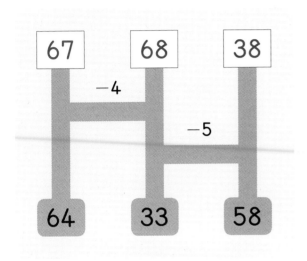

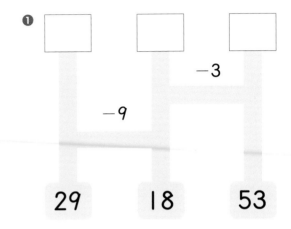

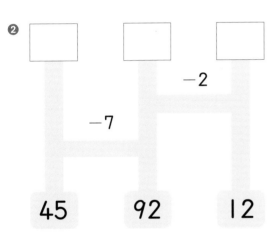

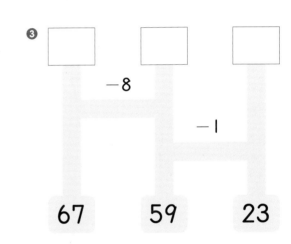

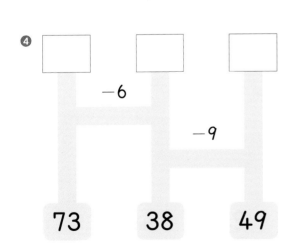

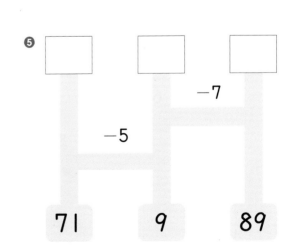

월 일

1 숫자 카드 중에서 세 장을 사용하여 계산 결과가 가장 작은
(두 자리 수) − (한 자리 수)를 구하시오.

2 숫자 카드를 사용하여 계산 결과에 맞는 뺄셈식을 만드시오.

❶

| 3 | 7 | 4 |

$$\square\square - \square = 27$$

❷

| 4 | 9 | 6 |

$$\square\square - \square = 55$$

3 빈칸에 알맞은 수를 써넣으시오.

❶

27   45   34

−6

−8

❷

35

−4

−9

23   46

6 덧셈과 뺄셈

관계셈

● 덧셈식을 보고 뺄셈식을 두 개 만드시오.

$17+2=19$
$19-2=17$
$19-17=2$

❶ $43+5=48$

❷ $61+4=65$

❸ $72+7=79$

● 뺄셈식을 보고 덧셈식을 두 개 만드시오.

$56-3=53$
$3+53=56$
$53+3=56$

❹ $89-6=83$

❺ $27-5=22$

❻ $98-8=90$

✚ 주어진 수를 사용하여 덧셈식과 뺄셈식을 각각 두 개씩 만드시오.

$1 + 27 = 28$

$27 + 1 = 28$

$1 \quad 27 \quad 28$

$28 - 27 = 1$

$28 - 1 = 27$

❶ $\square + \square = \square$

$\square + \square = \square$

$6 \quad 33 \quad 39$

$\square - \square = \square$

$\square - \square = \square$

❷ $\square + \square = \square$

$\square + \square = \square$

$5 \quad 61 \quad 66$

$\square - \square = \square$

$\square - \square = \square$

❸ $\square + \square = \square$

$\square + \square = \square$

$7 \quad 82 \quad 89$

$\square - \square = \square$

$\square - \square = \square$

❹ $\square + \square = \square$

$\square + \square = \square$

$9 \quad 86 \quad 95$

$\square - \square = \square$

$\square - \square = \square$

써클셈

● ○ 안에 알맞은 수를 써넣으시오.

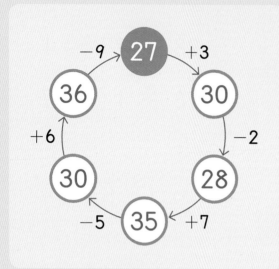

● ❶

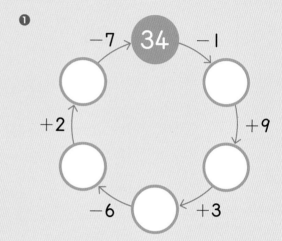

❷

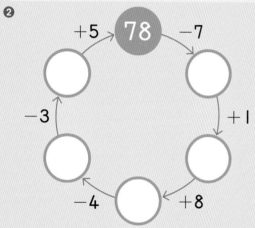

❸

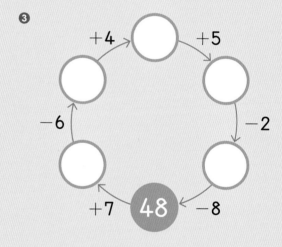

❹

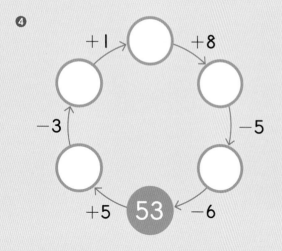

❺

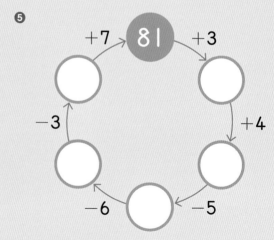

⊕ 빈칸을 알맞게 채우시오.

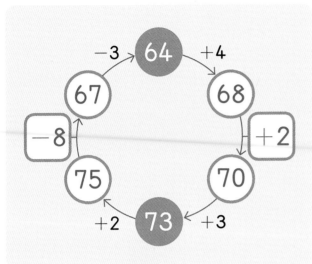

❶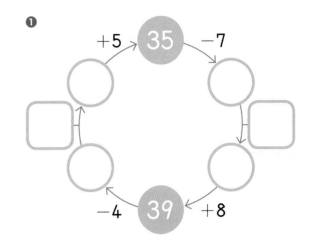

❷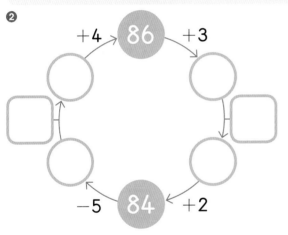

❸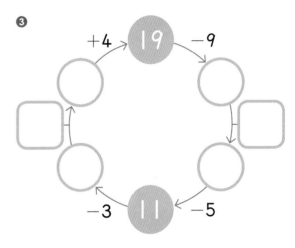

❹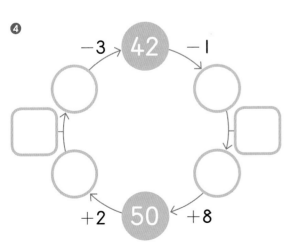

❺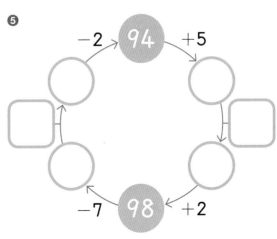

407 카드 지우기

옳은 식이 되도록 카드 한 장을 /로 지우시오.

$$7\ 9 + \cancel{5}\ 8 = 8\ 7$$

❶ $6\ 4 - 1\ 7 = 5\ 7$

❷ $2\ 6 + 4\ 5 = 5\ 1$

❸ $5\ 9\ 3 - 6 = 8\ 7$

❹ $3\ 9 + 1\ 8 = 2\ 1$

❺ $7\ 2 - 3\ 4 = 6\ 8$

❻ $5\ 7 + 3\ 8 = 6\ 0$

❼ $8\ 3\ 4 - 6 = 7\ 8$

❽ $6\ 4\ 5 + 7 = 7\ 2$

❾ $2\ 1 - 9 = 3\ 1\ 2$

❿ $5\ 2 + 9\ 4 = 6\ 1$

⓫ $5\ 4 - 8\ 7 = 4\ 7$

✚ 옳은 식이 되도록 숫자 하나를 /로 지우고 바른 식을 쓰시오.

$26 + \cancel{1}5 = 31$

$26 + 5 = 31$

❶ $34 + 89 = 92$

❷ $745 - 6 = 68$

❸ $18 + 37 = 25$

❹ $62 + 25 = 67$

❺ $436 - 9 = 34$

❻ $87 + 54 = 61$

❼ $28 + 36 = 31$

❽ $614 - 8 = 56$

❾ $129 - 6 = 23$

❿ $41 + 79 = 83$

⓫ $587 - 9 = 48$

합차 두 수

● 두 수의 합과 차를 □ 안에 써넣으시오.

| 61 | 합 53 | 8 차 | 45 |

❶

| | 합 21 | 4 차 | |

❷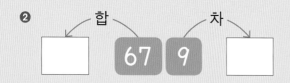

| | 합 67 | 9 차 | |

❸

| | 합 48 | 3 차 | |

❹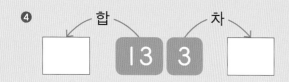

| | 합 13 | 3 차 | |

❺

| | 합 75 | 6 차 | |

❻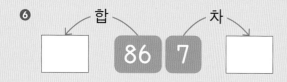

| | 합 86 | 7 차 | |

❼

| | 합 32 | 5 차 | |

❽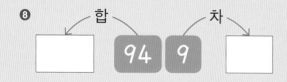

| | 합 94 | 9 차 | |

❾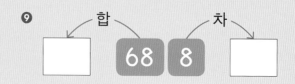

| | 합 68 | 8 차 | |

❿

| | 합 70 | 4 차 | |

⓫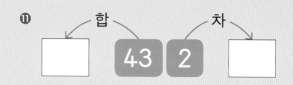

| | 합 43 | 2 차 | |

합과 차에 맞게 두 수를 구하여 큰 수부터 차례로 써넣으시오.

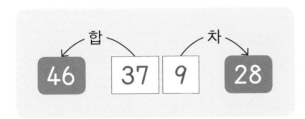

46 37 9 28

❶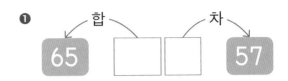

65 ☐ ☐ 57

❷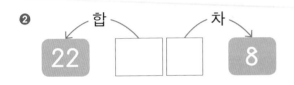

22 ☐ ☐ 8

❸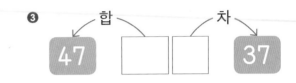

47 ☐ ☐ 37

❹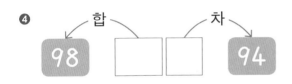

98 ☐ ☐ 94

❺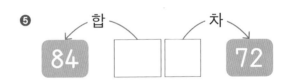

84 ☐ ☐ 72

❻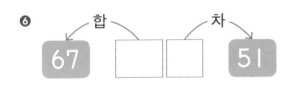

67 ☐ ☐ 51

❼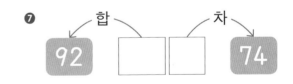

92 ☐ ☐ 74

❽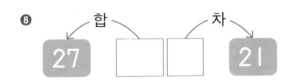

27 ☐ ☐ 21

❾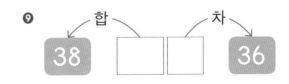

38 ☐ ☐ 36

❿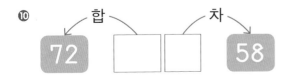

72 ☐ ☐ 58

⓫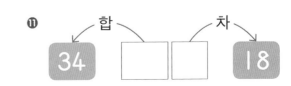

34 ☐ ☐ 18

1 수 카드 72 , 8 , 64 를 사용하여 덧셈식 두 개를 만드시오.

2 수직선을 보고 덧셈식 두 개와 뺄셈식 두 개를 만드시오.

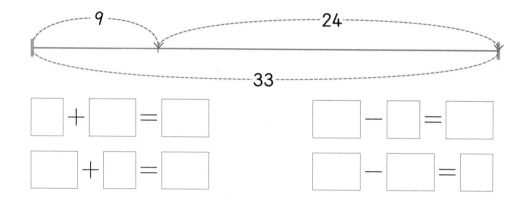

☐ + ☐ = ☐   ☐ − ☐ = ☐

☐ + ☐ = ☐   ☐ − ☐ = ☐

3 옳은 식이 되도록 카드 한 장을 /로 지우시오.

❶ 6 4 + 3 8 = 7 2   ❷ 5 2 − 7 5 = 4 5

4 두 수 ●와 ■의 합은 32이고, ●와 ■의 차는 16입니다. 두 수를 각각 구하시오.

● + ■ = 32
● − ■ = 16

7 문장제

한 식 문장제

◑ 문제에 맞게 식의 □ 안에 알맞은 수를 써넣으시오.

배구공이 **14**개, 농구공이 **9**개 있습니다. 공은 모두 몇 개 있습니까?

식 : $\boxed{14} + \boxed{9} = \boxed{23}$ (개)

---

❶ 민주는 선생님께 칭찬 스티커를 **46**개 받았습니다. 소희가 민주보다 **8**개 더 받았습니다. 소희가 받은 칭찬 스티커는 몇 개입니까?

식 : $\boxed{} + \boxed{} = \boxed{}$ (개)

❷ 태희는 어제까지 종이학 **52**개를 접었고, 오늘은 종이학 **5**개를 접었습니다. 태희가 접은 종이학은 모두 몇 개입니까?

식 : $\boxed{} + \boxed{} = \boxed{}$ (개)

❸ 감나무에 감 **71**개가 열렸습니다. 민지네 가족이 감 **4**개를 남기고 모두 땄습니다. 민지네 가족이 딴 감은 모두 몇 개입니까?

식 : $\boxed{} - \boxed{} = \boxed{}$ (개)

❹ 슬기 어머니는 **37**살이고, 슬기는 **9**살입니다. 어머니와 슬기의 나이 차이는 몇 살입니까?

식 : $\boxed{} - \boxed{} = \boxed{}$ (살)

◆ 식과 답을 쓰시오.

오렌지가 **35**개, 사과가 **9**개 있습니다. 오렌지는 사과보다 몇 개 더 있습니까?

식 : $35 - 9 = 26$ 답 : **26** 개

❶ 민우는 어제 윗몸일으키기를 **47**번 하였습니다. 오늘은 어제보다 **6**번 더 하였습니다. 민우는 오늘 윗몸일으키기를 몇 번 하였습니까?

식 : _____   답 : _____ 번

❷ 동생은 딱지 **29**개를 가지고 있고, 형은 동생보다 딱지를 **3**개 더 가지고 있습니다. 형이 가진 딱지는 모두 몇 개입니까?

식 : _____   답 : _____ 개

❸ **85**보다 **7** 작은 수는 얼마입니까?

식 : _____   답 : _____

❹ 도서관에는 동화책이 **54**권, 과학책이 **8**권 있습니다. 동화책은 과학책보다 몇 권 더 많습니까?

식 : _____   답 : _____ 권

● □를 사용하여 알맞은 식을 쓰시오. 밑줄 친 말을 □로 나타냅니다.

양계장의 닭들이 지난달에는 달걀을 **65**개 낳았고, 이번달에는 지난달보다 <u>몇 개</u>를 더 낳아서 모두 **71**개가 되었습니다.
　　　□

식 : <u>　**65**+□=**71**　</u>

---

❶ 교실에 여학생 <u>몇 명</u>과 남학생 **9**명이 있는데 모두 **21**명입니다.
　　　　　　　　□

식 : _____

❷ 진호는 카드 **38**장을 가지고 있었는데 누나가 <u>몇 장</u>을 더 주어 모두 **43**장이 되었습니다.　　　　　　　　　□

식 : _____

❸ 풀밭에 토끼가 <u>몇 마리</u> 있었는데 그중 **5**마리가 다른 곳으로 가서 **57**마리가 남았습니다.　　　□

식 : _____

❹ 지원이는 사탕을 **23**개 가지고 있었습니다. 동생에게 <u>몇 개</u>를 주었더니 **15**개 남았습니다.　　　　　　　　　□

식 : _____

❖ □를 사용한 식을 쓰고 답을 구하시오.

> 과일 가게에서 키위를 **46**개, 수박을 몇 개 팔았습니다. 과일을 모두 **52**개 팔았다면, 수박은 몇 개 팔았습니까?
>
> 식 : $46 + \square = 52$ 답 : __6__ 개

❶ 철호는 어제까지 과학책을 몇 쪽까지 읽었습니다. 오늘 **6**쪽을 더 읽어 **92**쪽까지 읽었습니다. 어제까지 몇 쪽을 읽었습니까?

식 : _____   답 : _____ 쪽

❷ 진우는 **12**살입니다. 진우는 몇 년 후에 **20**살이 됩니까?

식 : _____   답 : _____ 년

❸ 양계장의 닭들이 오늘 달걀을 몇 개 낳았습니다. 그중에서 **9**개를 먹고 남은 달걀이 **22**개입니다. 오늘 낳은 달걀은 몇 개입니까?

식 : _____   답 : _____ 개

❹ 개미집에 **74**마리의 개미가 있었습니다. 개미가 몇 마리 달아나 **69**마리 남았습니다. 달아난 개미는 몇 마리입니까?

식 : _____   답 : _____ 마리

세 수 문장제

● 문제에 맞게 식을 만든 것입니다. □ 안에 알맞은 수를 써넣으시오.

어머니께서는 사탕을 지원이에게 **18**개, 형에게 **7**개, 누나에게 **8**개를 주셨습니다. 어머니께서 나누어주신 사탕은 모두 몇 개입니까?

식 : $\boxed{18}$ + $\boxed{7}$ + $\boxed{8}$ = $\boxed{33}$ (개)

❶ 빨간색 색종이가 **7**장 있고, 노란색 색종이는 빨간색 색종이보다 **9**장 더 많습니다. 색종이는 모두 몇 장입니까?

식 : $\boxed{}$ + $\boxed{}$ + $\boxed{}$ = $\boxed{}$ (장)

❷ 저금통 안에 **500**원, **100**원, **50**원짜리 동전이 모두 **41**개 있습니다. **500**원짜리가 **5**개, **100**원짜리가 **8**개 있다면 **50**원짜리 동전은 몇 개입니까?

식 : $\boxed{}$ − $\boxed{}$ − $\boxed{}$ = $\boxed{}$ (개)

❸ 선재는 구슬 **62**개를 가지고 있습니다. 선재는 누나에게 구슬 **3**개를, 동생에게 **4**개를 주었습니다. 선재에게 남은 구슬은 몇 개입니까?

식 : $\boxed{}$ − $\boxed{}$ − $\boxed{}$ = $\boxed{}$ (개)

❹ **25**명이 타고 있던 버스에 첫 번째 정류장에서 **6**명이 타고, 두 번째 정류장에서 **8**명이 내렸습니다. 버스에 타고 있는 사람은 모두 몇 명입니까?

식 : $\boxed{}$ + $\boxed{}$ − $\boxed{}$ = $\boxed{}$ (명)

✚ 식과 답을 쓰시오.

학급 문고를 만들기 위해 책을 모았습니다. 동화책은 **53**권, 위인전은 **6**권, 과학책은 **4**권 모았습니다. 책은 모두 몇 권이 되었습니까?

식 : $53+6+4=63$ 답 :   **63**   권

❶ 공깃돌을 현우는 **18**개, 민주는 **7**개, 소연이는 **6**개를 모았습니다. 세 사람이 모은 공깃돌은 모두 몇 개입니까?

식 : _____   답 : _____ 개

❷ 빨간색 구슬이 **27**개, 파란색 구슬이 **6**개 있습니다. 노란색 구슬이 빨간색 구슬과 파란색 구슬을 더한 것보다 **8**개 적다면 노란색 구슬은 몇 개입니까?

식 : _____   답 : _____ 개

❸ 코끼리 열차에 **43**명이 타고 있었습니다. 동물원에서 **8**명이 내리고 식물원에서 **9**명이 내렸습니다. 지금 코끼리 열차에 타고 있는 사람은 몇 명입니까?

식 : _____   답 : _____ 명

❹ 쿠키 상자에 쿠키가 **80**개 들어 있었습니다. 진세는 쿠키 **5**개를, 하제는 쿠키 **2**개를 먹었습니다. 남은 쿠키는 모두 몇 개입니까?

식 : _____   답 : _____ 개

어떤 수 구하기

● □를 사용한 식으로 나타내시오.

어떤 수에 **7**을 더하였더니 **65**가 되었습니다.

식 : □+7＝65

❶ 어떤 수에 **5**를 더하였더니 **37**이 되었습니다.

식 : _____

❷ **8**에 어떤 수를 더하였더니 **46**이 되었습니다.

식 : _____

❸ 어떤 수와 **3**의 차는 **72**입니다. 단, 어떤 수는 **3**보다 큽니다.

식 : _____

❹ **22**와 어떤 수의 차는 **14**입니다. 단, 어떤 수는 **22**보다 작습니다.

식 : _____

❺ **81**에서 어떤 수를 뺐더니 **79**가 되었습니다.

식 : _____

⊕ 어떤 수를 구하고, 물음에 답하시오.

어떤 수에 **7**을 더해야 할 것을 잘못하여 **9**를 더하였더니 **34**가 되었습니다. 바르게 계산하면 얼마입니까?

어떤 수 : $\square + 9 = 34$, $\square = 25$

계산하기 : $25 + 7 = 32$

❶ 어떤 수와 **5**의 합은 **49**입니다. 어떤 수에 **8**을 더하면 얼마입니까?

어떤 수 : _____

계산하기 : _____

❷ 어떤 수에 **7**을 더해야 할 것을 잘못하여 뺐더니 **41**이 되었습니다. 바르게 계산하면 얼마입니까?

어떤 수 : _____

계산하기 : _____

❸ 어떤 수에서 **6**을 뺐더니 **67**입니다. 어떤 수와 **8**의 차는 얼마입니까?

어떤 수 : _____

계산하기 : _____

❹ 어떤 수에서 **2**를 빼야 할 것을 잘못하여 **6**을 뺐더니 **88**이 되었습니다. 바르게 계산하면 얼마입니까?

어떤 수 : _____

계산하기 : _____

1 식으로 나타내고 답을 구하시오.

❶ 56보다 7 큰 수

❷ 81과 6의 차

_____

_____

2 송이네 집에는 귤이 44개가 있었습니다. 오늘 가족들이 8개를 먹었다면 남은 귤은 몇 개입니까?

식 : _____   답 : _____ 개

3 윤호는 목걸이를 만드는 데 34개의 구슬을 사용했습니다. 윤호가 사용한 구슬은 지호가 사용한 구슬보다 8개가 많았다고 합니다. 지호가 목걸이를 만드는 데 사용한 구슬은 몇 개인지 □를 사용한 식으로 나타내시오.

식 : _____

4 버스에 35명이 타고 있었습니다. 정류장에 도착하여 7명이 내리고 9명이 탔습니다. 지금 버스에 타고 있는 사람은 몇 명입니까?

식 : _____   답 : _____ 명

5 어떤 수에 7을 더해야 할 것을 잘못하여 뺐더니 76이 되었습니다. 바르게 계산한 답을 구하시오.

8 문해결 연산

계산기

● 계산기의 버튼을 차례로 눌렀습니다. 액정에 계산 결과를 써넣으시오.

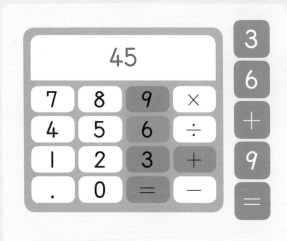

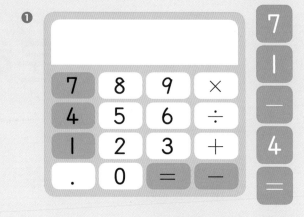

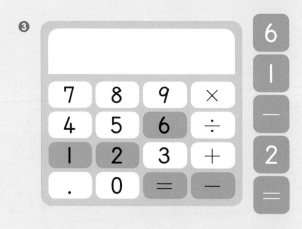

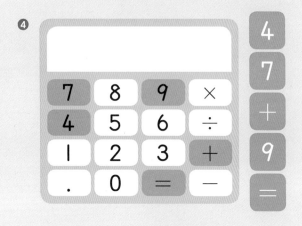

➕ 계산 결과에 맞게 버튼을 누르는 방법을 네 가지 쓰시오.

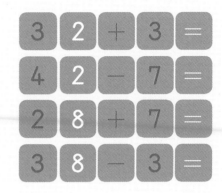

❶

❷

대소셈

● □ 안에 들어갈 수 있는 수에 ○표 하시오.

47+□<51

　③　4　5

① 85+□>91

　5　6　7

② 26+□<32

　4　6　8

③ 54+□<62

　7　8　9

④ 79+□>84

　3　5　7

⑤ 38+□>42

　1　4　7

⑥ 63-□>57

　9　7　5

⑦ 21-□<19

　1　2　3

⑧ 41-□>35

　9　6　3

⑨ 92-□>88

　7　4　1

➕ 1에서 9까지의 수 중 □ 안에 들어갈 수 있는 수를 모두 쓰시오.

$$35 + \square < 42$$

1, 2, 3, 4, 5, 6

❶
$$62 + \square < 65$$

❷
$$49 + \square < 53$$

❸
$$27 + \square > 31$$

❹
$$58 + \square > 65$$

❺
$$16 + \square > 22$$

❻
$$72 - \square < 69$$

❼
$$81 - \square < 74$$

❽
$$39 - \square > 35$$

❾
$$65 - \square > 61$$

트럼프셈

● 같은 모양은 같은 수를 나타냅니다. □ 안의 알맞은 수를 써넣으시오.

$15 + 8 = ♣$

$♣ - 8 = ♠$

$♠ + 3 = ♦$

$♦ = \boxed{18}$

❶ $43 - 4 = ♣$

$♣ + 5 = ♠$

$♠ - 3 = ♦$

$♦ = \boxed{}$

❷ $36 - 9 = ♣$

$♣ + 4 = ♠$

$♠ + 8 = ♦$

$♦ = \boxed{}$

❸ $48 + 7 = ♣$

$♣ - 9 = ♠$

$♠ + 7 = ♦$

$♦ = \boxed{}$

❹ $62 + 4 = ♣$

$♣ - 5 = ♠$

$♠ - 6 = ♦$

$♦ = \boxed{}$

❺ $74 + 8 = ♣$

$♣ + 3 = ♠$

$♠ + 8 = ♦$

$♦ = \boxed{}$

같은 모양은 같은 수를 나타냅니다. □ 안의 알맞은 수를 써넣으시오.

$39 + 2 + 4 = \clubsuit$

$\clubsuit + 5 + 7 = \spadesuit$

$\spadesuit - 6 + 2 = \blacklozenge$

$\blacklozenge = \boxed{53}$

❶ $16 + 5 + 5 = \clubsuit$

$\clubsuit - 6 + 3 = \spadesuit$

$\spadesuit + 4 - 8 = \blacklozenge$

$\blacklozenge = \boxed{}$

❷ $24 + 9 - 2 = \clubsuit$

$\clubsuit - 2 - 4 = \spadesuit$

$\spadesuit + 9 + 3 = \blacklozenge$

$\blacklozenge = \boxed{}$

❸ $63 - 8 - 1 = \clubsuit$

$\clubsuit + 8 - 3 = \spadesuit$

$\spadesuit - 5 - 7 = \blacklozenge$

$\blacklozenge = \boxed{}$

❹ $71 - 3 - 5 = \clubsuit$

$\clubsuit + 7 + 4 = \spadesuit$

$\spadesuit + 3 - 4 = \blacklozenge$

$\blacklozenge = \boxed{}$

❺ $88 - 4 + 9 = \clubsuit$

$\clubsuit - 6 - 5 = \spadesuit$

$\spadesuit - 8 + 1 = \blacklozenge$

$\blacklozenge = \boxed{}$

약속셈

● 약속에 맞게 계산한 것입니다. 빈칸에 알맞은 수를 써넣으시오.

약속

$$■ ⊙ ● = ■ + ● + ●$$

$21 ⊙ 7 = 21 + \boxed{7} + 7$

$\quad = \boxed{35}$

$36 ⊙ 4 = \boxed{36} + 4 + \boxed{4}$

$\quad = \boxed{44}$

❶ 약속

$$■ ◈ ● = ■ + ● - ●$$

$32 ◈ 9 = 32 + \boxed{} - 9$

$\quad = \boxed{}$

$57 ◈ 8 = \boxed{} + 8 - \boxed{}$

$\quad = \boxed{}$

❷ 약속

$$■ ▣ ● = ■ - ● + ■$$

$12 ▣ 5 = 12 - \boxed{} + 12$

$\quad = \boxed{}$

$15 ▣ 6 = \boxed{} - 6 + \boxed{}$

$\quad = \boxed{}$

❸ 약속

$$■ ▲ ● = ■ - ● - ●$$

$44 ▲ 1 = 44 - \boxed{} - 1$

$\quad = \boxed{}$

$36 ▲ 3 = \boxed{} - 3 - \boxed{}$

$\quad = \boxed{}$

❖ 약속에 맞게 계산하시오.

약속

■ ⊙ ● = ■ + ● + ●

24 ⊙ 3 = 30

51 ⊙ 5 = 61

❶ **약속**

■ ◈ ● = ■ + ■ + ●

9 ◈ 7 =

4 ◈ 23 =

❷ **약속**

■ ⊡ ● = ■ − ● + ■

14 ⊡ 7 =

16 ⊡ 9 =

❸ **약속**

■ △ ● = ■ − ● − ●

27 △ 4 =

50 △ 6 =

❹ **약속**

■ ▽ ● = ■ − ● + ●

42 ▽ 6 =

53 ▽ 8 =

❺ **약속**

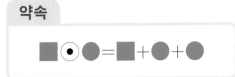

■ ⊙ ● = ■ + ● + ●

38 ⊙ 5 =

46 ⊙ 7 =

잘 공부했는지 알아봅시다

1 |에서 **9**까지의 수 중에서 □ 안에 알맞은 수를 모두 구하시오.

$$70 - \square < 63$$

2 계산 결과에 맞게 계산기의 버튼을 누르는 방법을 네 가지 쓰시오.

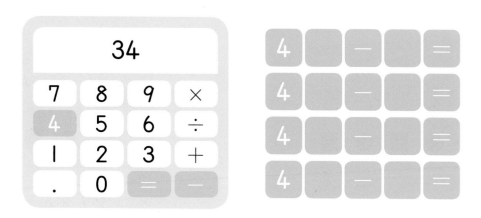

3 ◆가 나타내는 수는 얼마입니까?

$$27 + 8 = \clubsuit$$

$$\clubsuit - 9 + 7 = \spadesuit$$

$$\spadesuit + 8 - 3 = \blacklozenge$$

MEMO

사고셈

정답 및 해설
Guide Book

초등2 1호

두 자리 수와 한 자리 수의 덧셈과 뺄셈

NE 능률

385 가르기 덧셈

● 몇십이 되도록 선을 긋고, 빈칸에 알맞은 수를 써넣으시오.

25 · 30 · 7 · 2

25+7= 32

25와 모아서 30이 되도록 7을 5와 2로 가릅니다.

17 · 20 · 5 · 2

17+5= 22

17과 모아서 20이 되도록 5를 3과 2로 가릅니다.

34 · 40 · 8 · 2

34+8= 42

28 · 30 · 6 · 4

28+6= 34

19 · 20 · 4 · 3

19+4= 23

43 · 50 · 9 · 2

43+9= 52

● 몇십이 되도록 더하는 수를 갈라 덧셈을 하시오.

① 18+4= 22 · 2 2 · 20 · 22

② 74+7= 81 · 6 1 · 80 · 81
74와 모아서 80이 되도록 7을 6과 1로 가릅니다.

③ 45+6= 51 · 5 1 · 50 · 51
45와 모아서 50이 되도록 6을 5와 1로 가릅니다.

④ 67+6= 73 · 3 3 · 70 · 73

⑤ 53+8= 61 · 7 1 · 60 · 61

⑥ 89+6= 95 · 1 5 · 90 · 95

⑦ 85+7= 92 · 5 2 · 90 · 92

⑧ 78+9= 87 · 2 7 · 80 · 87

⑨ 36+5= 41 · 4 1 · 40 · 41

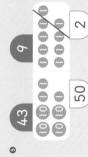

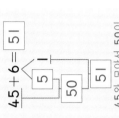

1 주차

386 가르기

● 계산에 맞게 빈칸에 써넣으시오.

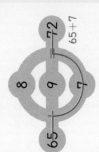

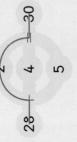

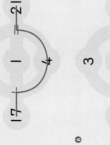

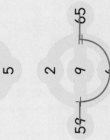

❶ 73 | 8 = 81, 9

❸ 34 | 3 = 43, 7, 6

❺ 78 | 7 = 85, 6, 5

❼ 59 | 2 = 65, 9, 6

❷ 65 | 8 = 72, 6, 7 (65+7)

❹ 28 | 2 = 30, 4, 5

❻ 17 | 8 = 21, 1, 4

❽ 86 | 3 = 91, 5, 1

❶ ● 계산에 맞게 빈칸에 알맞은 수를 써넣으시오.

❶ 23 + 4 = 27 (23+4), 9 = 32 (23+9), 7 = 30 (23+7)

❸ 47 + 3 = 50, 4 = 51, 6 = 53

❺ 16 + 5 = 21, 3 = 19, 7 = 23

86 + 5 = 91 (86+5), 2 = 88 (86+2), 7 = 93 (86+7)

❷ 54 + 7 = 61, 4 = 58, 9 = 63

❹ 77 + 2 = 79, 4 = 81, 9 = 86

10

387 고치기

● 틀린 답을 찾아 바르게 고치시오.

●
28+3=31
95+4=99
27+6=2̶8̶ 33
36+7=43

②
23+6=29
86+9=9̶4̶ 95
24+7=31
53+8=61

④
76+6=8̶4̶ 82
48+8=56
64+6=70
27+3=30

●
69+8=77
76+6=82
43+9=5̶3̶ 52
52+2=54

③
63+7=70
32+3=35
75+5=80
48+2=4̶0̶ 50

⑤
55+5=60
24+9=33
93+4=9̶8̶ 97
84+8=92

받아올림한 수를 빼뜨리고 계산하는 경우가 종종 있습니다.
계산이 익숙해질 때까지 받아올림한 수를 기록하여 계산하도록 하는 것도 실수를 줄이는 하나의 방법입니다.

⬥ 틀린 답을 찾아 바르게 고치시오.

❶

$$\begin{array}{r} 21 \\ + 4 \\ \hline 25 \end{array} \qquad \begin{array}{r} 79 \\ + 6 \\ \hline 85 \end{array} \qquad \begin{array}{r} 97 \\ + 2 \\ \hline 99 \end{array} \qquad \begin{array}{r} 42 \\ + 9 \\ \hline 51 \end{array} \qquad \begin{array}{r} 66 \\ + 7 \\ \hline 73 \end{array} \qquad \begin{array}{r} 58 \\ + 5 \\ \hline \cancel{64}\ 63 \end{array}$$

❷

$$\begin{array}{r} 60 \\ + 8 \\ \hline 68 \end{array} \qquad \begin{array}{r} 88 \\ + 4 \\ \hline 92 \end{array} \qquad \begin{array}{r} 47 \\ + 8 \\ \hline \cancel{45}\ 55 \end{array} \qquad \begin{array}{r} 15 \\ + 1 \\ \hline 16 \end{array} \qquad \begin{array}{r} 66 \\ + 7 \\ \hline 73 \end{array} \qquad \begin{array}{r} 58 \\ + 5 \\ \hline 63 \end{array}$$

❸

$$\begin{array}{r} 95 \\ + 8 \\ \hline 103 \end{array} \qquad \begin{array}{r} 17 \\ + 5 \\ \hline 22 \end{array} \qquad \begin{array}{r} 64 \\ + 7 \\ \hline \cancel{63}\ 71 \end{array} \qquad \begin{array}{r} 28 \\ + 6 \\ \hline 34 \end{array} \qquad \begin{array}{r} 73 \\ + 9 \\ \hline \cancel{76}\ 82 \end{array} \qquad \begin{array}{r} 52 \\ + 3 \\ \hline 55 \end{array}$$

$$\begin{array}{r} 39 \\ + 2 \\ \hline 41 \end{array} \qquad \begin{array}{r} 46 \\ + 1 \\ \hline 47 \end{array}$$

1 주차

1 주차

388 모으기셈

● 선으로 연결된 두 수를 모으기 하여 빈칸에 알맞은 수를 써넣으시오.

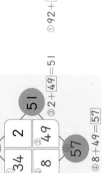

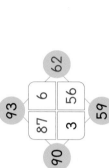

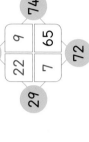

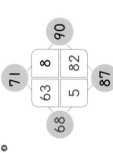

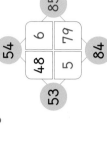

두 수를 바꾸어 더해도 ● 안의 수는 선으로 연결된 두 수의 합입니다.
계산 결과가 같으므로 순서를 생각하여 문제를 해결합니다.
9+31은 31+9와 같 이 생각하여 계산합니다.

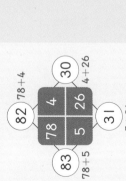

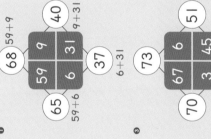

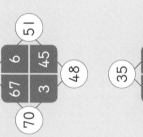

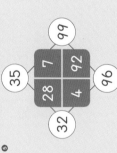

잘 공부했는지 알아봅시다

1 ☐ 안에 알맞은 수를 써넣으시오.

① 76 + 8 = 84

80 + 4

76과 모아 80이 되도록 8을 4와 4로 가르기 합니다.

② 43 + 9 = 52

7 2

50 + 2

43과 모아 50이 되도록 9를 7과 2로 가르기 합니다.

2 바르게 계산한 것은 어느 것입니까?

① 65
+ 7
62
72

② 73
+ 8
75
81

③ 47
+ 7
44
54

④ (○) 54
+ 9
63

⑤ 87
+ 6
81
93

3 관계 있는 것끼리 선으로 이으시오.

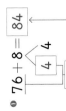

46+9   37+7   42+4
55   44   46

46+9   39+7   47+8
44   46   55

② 주차

P.18 ● P.19

389 숫자 카드 세로셈

● 주어진 숫자 카드를 모두 사용하여 덧셈식을 완성하시오.

월 일

일의 자리 수끼리의 덧셈에서 두 수를 바꾸어 셈해도 결과가 같으므로 두 계산 결과가 같도록 두 수를 바꾸어 써도 정답입니다.

390 짝꿍

● 합이 같도록 두 수씩 짝을 지으시오.

왼쪽과 오른쪽 선의 모양이 바뀌어도 됩니다.

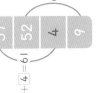   

28+3=31

24+7=31

| 28 | 3 | 24 | 7 |

| 85 | 80 | 1 | 6 |
| 4 | 37 | 41 | 8 |

| 2 | 48 | 8 | 54 |
| 68 | 4 | 63 | 9 |

| 2 | 79 | 72 | 9 |
| 6 | 86 | 5 | 85 |

| 8 | 5 | 50 | 47 |
| 34 | 38 | 7 | 3 |

❷ 연결된 두 수의 합이 서로 같습니다. 빈칸에 알맞은 수를 써넣으시오.

2+18=20

6+37=43

| 34 | 6 | 9 | 37 |

57+4=61

| 57 | 52 | 4 | 9 |
| 2 | 13 | 7 | 18 |

56	58	3	1
81	2	76	7
8	65	6	63

90	85	4	9
32	5	28	1
74	6	75	5

② 주차

391 두 수 묶기

● 안의 수가 합이 되는 두 수를 찾아 ⬜ 또는 ⬜를 그리시오.

34 · 28+6=34

28	6
4	31

❷ 28
27	7
5	23

❹ 97
92	9
6	88

❻ 36
28	8
5	29

❽ 23
19	6
7	16

❶ 74 · 65+9=74
65	6
9	64

❸ 59
51	8
9	49

❺ 82
75	6
7	73

❼ 41
42	1
9	40

❾ 77
74	3
9	69

월 일

● 안의 수가 합이 되는 두 수를 찾아 ⬜ 또는 ⬜를 그리시오.

81 · 74+7=81
4	75	8
74	7	80

❷ 91
88	4	87
2	86	6

❹ 39
8	29	9
31	7	28

❻ 54
9	50	7
49	6	47

❽ 63
4	59	3
60	5	61

❶ 66
59	8	60
9	58	7

❸ 47
45	2	38
6	43	8

❺ 84
80	2	81
3	79	5

❼ 72
65	9	70
8	64	3

❾ 25
16	7	14
9	20	4

392 바람개비

● 가로, 세로로 두 수의 합을 빈칸에 써넣으시오.

19+7
19+2
2+76
7+76

26 21
19 2 76 78
7
83

❶
28+8
28+5
36 5 33
28 8 44 49
52
8+44
5+44

❸
41 36
35 1 17 18
6
23

❺
48 52
46 6 74 80
2
76

❷
86 91
82 9 53 62
4
57

❹
74 72
69 3 82 85
5
87

● 가로, 세로로 두 수의 합이 됩니다. 빈칸에 알맞은 수를 써넣으시오.

순서를 생각하여 문제를 해결합니다.

① 73 + 4 = 77
② 73 + 2 = 75
③ 4 + 29 = 33
④ 2 + 29 = 31

19 22
16 6 68 74
③ 3
71

① 16 + 6 = 22
② 16 + 3 = 19
③ 3 + 68 = 71
④ 6 + 68 = 74

❶
75 77
73 4 29 33
31 2

❸
36 40
31 9 47 56
52 5

❺
33 27
25 2 19 21
27 8

❷
62 63
55 8 82 90
89 7

❹
96 97
90 7 64 71
70 6

잘 공부했는지 알아봅시다

월 일

1 빈칸에 알맞은 수를 써넣으시오.

①

+8	
38	46
65	73

38+⑧=46
65+8=73

② +7

+7	
54	61
76	83

54+⑦=61
76+7=83

2 수 카드에서 합이 34가 되는 두 수를 찾아 ○표 하시오.

31　4　25　(28)　8　(6)

28+6=34

3 주어진 숫자 카드를 모두 사용하여 오른쪽 덧셈식을 완성하시오.

3　5　6　7

4	6
+ 5	3

더하는 일의 자리 숫자를 바꾸어 써도 됩니다.

4	7
+	6
5	3

26

393 자동차 길

● 길을 따라 계산하여 빈칸에 알맞은 수를 써넣으시오.

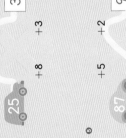

● 계산 결과에 맞게 자동차 길을 그으시오.

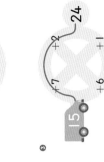

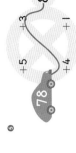

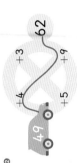

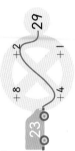

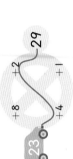

애드벌룬

394

세 수의 합이 □ 안의 수가 되도록 필요 없는 풍선에 ×표 하시오.

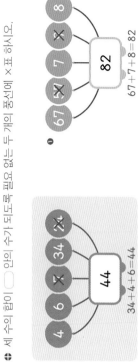

$17+8+3=28$

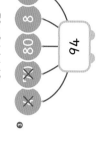

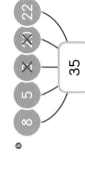

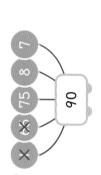

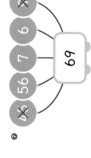

$49+1+7=57$

세 수의 합이 □ 안의 수가 되도록 필요 없는 두 개의 풍선에 ×표 하시오.

$34+4+6=44$

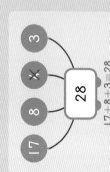

$67+7+8=82$

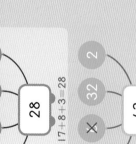

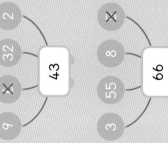

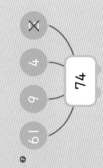

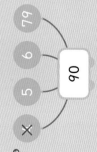

월   일

395   + 지우기

● / 표시된 +를 지우고 두 자리 수를 만든 다음 덧셈을 하시오.

$3+4\,/\!6+7=\boxed{56}$
$\underset{46}{}\quad 3+46+7$

② $2\,/\!9+5+5=\boxed{39}$

③ $5+1+8\,/\!2=\boxed{88}$
$\underset{82}{}\quad 5+1+82$

④ $8+3+3\,/\!9=\boxed{50}$

⑤ $6\,/\!7+1+4=\boxed{72}$

⑥ $1\,/\!7+4+2=\boxed{23}$

⑦ $4\,/\!2+6+5=\boxed{53}$

⑧ $6+7\,/\!6+8=\boxed{90}$

⑨ $3+9\,/\!1+5=\boxed{99}$

⑩ $9+5+6\,/\!4=\boxed{78}$

⑪ $5+8+3\,/\!4=\boxed{47}$

⑫ $4+4\,/\!1+2=\boxed{47}$

⑬ $2\,/\!4+7+8=\boxed{39}$

⑭ $7+3\,/\!6+5=\boxed{48}$

● +를 차례로 하나씩 지 덧셈식에 맞게 +를 하나 지우고 올바른 식을 쓰시오.

+를 차례로 하나씩 지우면서 계산해 봅니다.

$5\,/\!8+3+2=63$

$58+3+2=\boxed{63}$
$5+83+2=90$
$5+8+32=45$

$58+3+2=63$

① $1+6+8\,/\!9=96$ $1+6+89=96$

② $2+3\,/\!7+5=44$ $2+37+5=44$

③ $9+4+6\,/\!2=75$ $9+4+62=75$

④ $7\,/\!5+8+5=88$ $75+8+5=88$

⑤ $2\,/\!1+4+9=34$ $21+4+9=34$

⑥ $6+1\,/\!3+8=27$ $6+13+8=27$

⑦ $7+2+4\,/\!3=52$ $7+2+43=52$

P. 34 ● P. 35

❸ 주차

과녁셈

396

● 화살 세 개를 쏘았습니다. 모두 몇 점입니까?

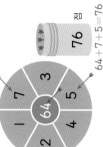
64+2+3=69
69 점

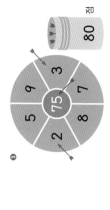
64 점

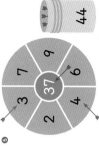
35 점

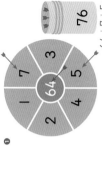
57+4+6=67
67 점

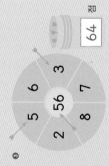
59 점

97 점

수 하나에 화살이 두 개 꽂힐 수 있다는 점에 주의합니다.

76 점
64+7+5=76

80 점

44 점

● 점수에 맞게 나머지 화살 두 개를 그리시오.

38+6+6=50
50 점

92 점

51 점

34

월 일

잘 공부했는지 알아봅시다

월 일

1 계산 결과에 맞게 자동차 길을 그으시오.

+7 +8
+9 +6
73
56

56+9+8=73

2 덧셈식에 맞게 +를 하나 지우고 올바른 식을 쓰시오.

① 3+7+8+4=49   37+8+4=49

37+8+4=49
3+78+4=85
3+7+84=94

② 7+5+4+2=54   7+5+42=54

75+4+2=81
7+54+2=63
7+5+42=54

+를 하나씩 없애 보면서 계산해 봅니다.

3 화살 세 개를 쏘았습니다. 점수에 맞게 나머지 두 개의 화살을 그리시오.

①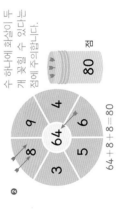

9 6
2
8   46   3
9   4

60점

46+6+8=60

②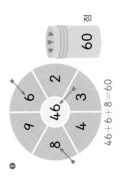

9 4
8   64   6
3   5

80점

64+8+8=80

수 하나에 화살이 두 개 꽂힐 수 있다는 점에 주의합니다.

③ 주차

36

일의 자리의 수끼리 뺄 수 없으므로 (십 몇)−(몇)을 할 수 있게 몇십과 십 몇으로 가릅니다.

❖ 몇십과 십 몇으로 갈라 뺄셈을 하시오.

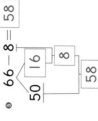

② 24 − 5 = 19
10 | 14
9
19

⑤ 66 − 8 = 58
50 | 16
8
58

⑧ 92 − 9 = 83
80 | 12
3
83

① 85 − 7 = 78
70 | 15
8
78

④ 58 − 9 = 49
40 | 18
9
49

⑦ 42 − 6 = 36
30 | 12
6
36

67 − 9 = 58
50 | 17
8
58

③ 33 − 8 = 25
20 | 13
5
25

⑥ 71 − 4 = 67
60 | 11
7
67

---

④ 주차

397 가르기 뺄셈

● 몇십과 십 몇으로 가르기 한 것입니다. 빼는 수만큼 /로 지우고 빈칸을 채우시오.

일의 자리의 수끼리 뺄 수 없으면 십의 자리에서 10을 받아내림하여 계산합니다.

❶ 53
40 | 13
53 − 8 = 45

❸ 40
30 | 10
40 − 6 = 34

❺ 31
20 | 11
31 − 3 = 28

32
20 | 12
32 − 7 = 25

❷ 61
50 | 11
61 − 5 = 56

❹ 75
60 | 15
75 − 8 = 67

398 하우스

④ 주차

● 뺄셈을 하여 빈칸에 알맞은 수를 써넣으시오.

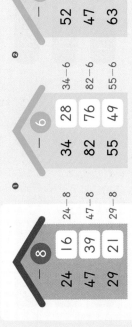

❶
- 8
24 | 16   24-8
47 | 39   47-8
29 | 21   29-8

❷
- 4
52 | 48   52-4
47 | 43   47-4
63 | 59   63-4

❶
- 6
34 | 28   34-6
82 | 76   82-6
55 | 49   55-6

❸
- 5
18 | 13
71 | 66
45 | 40

❹
- 3
26 | 23
97 | 94
60 | 57

❺
- 9
76 | 67
38 | 29
54 | 45

❼
- 2
74 | 72
20 | 18
48 | 46

❼
- 7
69 | 62
51 | 44
32 | 25

❻
- 8
96 | 88
23 | 15
67 | 59

● 빈칸에 알맞은 수를 써넣으시오. ○안의 수를 먼저 구합니다.

62 − ③ = 59
- 3
58 | 55   58-3
62 | 59
31 | 28   [31] − 3 = 28

❷
43 − ⑤ = 38
- 5
19 | 14   19-5
43 | 38
87 | 82   87-5

❶
72 − ⑨ = 63
- 9
72 | 63
64 | 55   64-9
25 | 16   25-9

❺
- 4
65 | 61
84 | 80
77 | 73

❹
- 7
44 | 37
35 | 28
59 | 52

❸
- 8
23 | 15
78 | 70
96 | 88

❽
- 7
92 | 85
56 | 49
33 | 26

❼
- 5
67 | 62
75 | 70
83 | 78

❻
- 6
41 | 35
32 | 26
29 | 23

4 주차

가지셈

399

● 왼쪽 수에서 오른쪽 수를 빼어 아래에 쓴 것입니다. 빈칸에 알맞은 수를 써넣으시오.

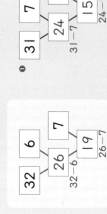
32 - 6
26 - 7
19
32-6
26-7

① 31 - 7
24 - 9
15
31-7
24-9

② 54 - 8
46 - 7
39
54-8
46-7

③ 27 - 2
25 - 8
17

④ 72 - 5
67 - 7
60

⑤ 35 - 7
28 - 9
19

⑥ 43 - 4
39 - 5
34

⑦ 82 - 8
74 - 7
67

⑧ 68 - 9
59 - 6
53

● 왼쪽 수에서 오른쪽 수를 빼어 아래에 쓴 것입니다. 빈칸에 알맞은 수를 써넣으시오.

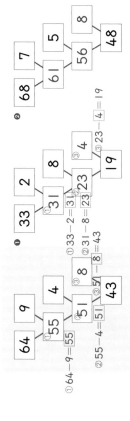
64 - 9
55 - 4
51 - 8
43
① 64－9＝55
② 55－4＝51
③ 51－8＝43

① 33 - 2
31 - 8
23 - 4
19
① 33－2＝31
② 31－8＝23
③ 23－4＝19

② 68 - 7
61 - 5
56 - 8
48

③ 61 - 9
52 - 6
46 - 9
37

④ 95 - 5
90 - 2
88 - 3
85

⑤ 65 - 8
57 - 7
50 - 4
46

⑥ 98 - 6
92 - 5
87 - 4
83

⑦ 67 - 7
60 - 3
57 - 5
52

⑧ 86 - 4
82 - 5
77 - 6
71

⊕ 이어진 두 수의 차가 같도록 선으로 이으시오. 차를 ○ 안에 써넣으시오.

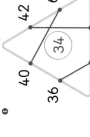

① 42, 6, 40, 36, 2, 8 (34)

2, 6, 8 중 가장 큰 수인 8과
36, 40, 42 중 가장 큰 수인 두 자리 수 중
한 자리 수 중 가장 큰 수와 두 자리 수 중
가장 큰 수를 잇고 차를 구합니다.
42를 잇고 차를 구합니다.

③ 22, 9, 3, 24, 28, 5 (19)

2, 6, 8 중 가장 큰 수인 8과
36, 40, 42 중 가장 큰 수인
42를 잇고 차를 구합니다.

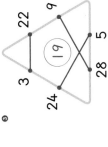

⑤ 55, 48, 53, 8, 47, 1, 6

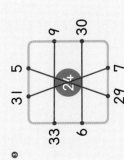

② 8, 31, 6, 27, 33, 2 (25)

2, 6, 8 중 가장 큰 수인 8과
27, 31, 33 중 가장 큰 수인
33을 잇고 차를 구합니다.

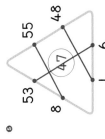

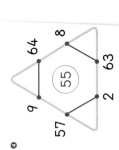

④ 9, 79, 75, 8, 4, 80 (34)

④ 64, 8, 9, 57, 2, 63 (55)

사고셈 ● 45

도형 연결

400

● 안의 수가 두 수의 차가 되도록 선으로 이으시오.

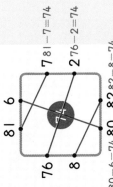

81 6   78 1−7=74
76   2 76−2=74
8   (74) 82 82−8=74
80−6=74 80

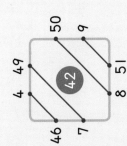

① 63 6 60−6=54   57 57−3=54
3   (54) 1
55−1=54 55 60   9 63−9=54

③ 31 5 (24) 9   30
33   6   29 7

⑤ 91 92 (86) 95
1   6   5
87   9

② 50 9 (42)   4 72
49 4   8 51   68 8 (64) 9 67
46 7   3 73

④ 주차

잘 공부했는지 알아봅시다

월   일

1 빈칸에 알맞은 수를 써넣으시오.

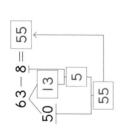

$63 - 8 = 55$

50   13   5   55

2 그림을 보고 빈칸에 알맞은 수를 써넣으시오.

❶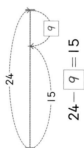

31   23   8

$31 - 8 = 23$

❷

24   15   9

$24 - 9 = 15$

3 빈칸에 알맞은 수를 써넣으시오.

❶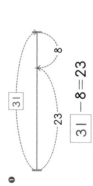

-6

42   36
95   89

$42 - 6 = 36$
$95 - 6 = 89$

❷

-5

24   19
43   38

$24 - 5 = 19$
$43 - 5 = 38$

401 숫자 카드 목표수

● 숫자 카드를 사용하여 뺄셈식을 완성하시오.

| 2 | 5 | 3 |

2 3 − 5 = 18
뺄셈 결과가 18이므로
□−□ ← 1 또는 2가 들어갑니다.

❶ | 5 | 7 | 1 |

7 1 − 5 = 66
뺄셈 결과가 66이므로
■−□ ← 6 또는 7이 들어갑니다.

❷ | 6 | 9 | 4 |

4 6 − 9 = 37

❸ | 2 | 6 | 8 |

6 2 − 8 = 54

❹ | 3 | 7 | 8 |

7 3 − 8 = 65

❺ | 9 | 2 | 5 |

9 2 − 5 = 87

❻ | 1 | 4 | 6 |

4 1 − 6 = 35

❼ | 3 | 9 | 6 |

6 3 − 9 = 54

● 숫자 카드를 사용하여 계산 결과에 맞는 뺄셈식을 만드시오.

❶ | 6 | 1 | 3 |

31 − 6 = 25
13 − 6 = 7
61 − 3 = 58

❷ | 4 | 9 | 6 |

46 − 9 = 37
94 − 6 = 88
64 − 9 = 55

❸ | 4 | 9 | 8 |

94 − 8 = 86
48 − 9 = 39
84 − 9 = 75

❹ | 7 | 5 | 2 |

52 − 7 = 45
25 − 7 = 18
72 − 5 = 67

❺ | 8 | 5 | 2 |

25 − 8 = 17
52 − 8 = 44
82 − 5 = 77

❻ | 3 | 6 | 7 |

36 − 7 = 29
63 − 7 = 56
73 − 6 = 67

5 주차

402 사탕셈

● 위에서 아래로, 왼쪽에서 오른쪽으로 뺄셈을 하시오.

● 빈칸에 알맞은 수를 써넣으시오.

순서를 생각하며 문제를 해결합니다.

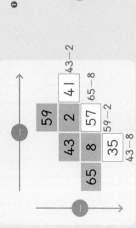
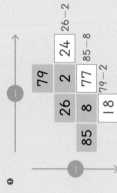
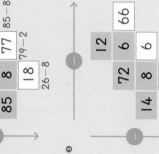

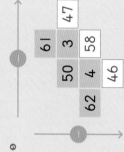

403 큰 차 작은 차

● 숫자 카드 중 세 장을 사용하여 뺄셈식을 완성하시오.

5 4 3 9
큰 차 : 9 5 − 3 = 92
작은 차 : 3 4 − 9 = 25

❷ 3 7 9 1
큰 차 : 9 7 − 1 = 96
작은 차 : 1 3 − 9 = 4

❹ 6 8 2 7
큰 차 : 8 7 − 2 = 85
작은 차 : 2 6 − 8 = 18

❸ 4 2 5 8
큰 차 : 8 5 − 2 = 83
작은 차 : 2 4 − 8 = 16

❺ 3 4 2 9
큰 차 : 9 4 − 2 = 92
작은 차 : 2 3 − 9 = 14

● 숫자 카드 중 세 장을 사용하여 (두 자리 수) − (한 자리 수) 계산을 할 때 가장 큰 차와 가장 작은 차를 구하시오.

가장 큰 차를 만들 때에는 숫자 카드로 만든 가장 큰 두 자리 수에서 가장 작은 한 자리 수를 빼면 됩니다.
가장 작은 차를 만들 때에는 숫자 카드로 만든 가장 작은 두 자리 수에서 가장 큰 한 자리 수를 빼면 됩니다.

4 6 3 5
가장 큰 두 자리 수 : 65
가장 작은 한 자리 수 : 3
가장 큰 차 : 65−3
가장 작은 두 자리 수 : 34
가장 큰 한 자리 수 : 6
가장 작은 차 : 34−6
큰 차 : 65 − 3 = 62
작은 차 : 34 − 6 = 28

❶ 8 3 4 5
가장 큰 두 자리 수 : 85
가장 작은 한 자리 수 : 3
가장 큰 차 : 85−3
큰 차 : 85 − 3 = 82
작은 차 : 34 − 8 = 26

❷ 7 4 3 8
가장 작은 두 자리 수 : 34
가장 큰 한 자리 수 : 6
가장 큰 한 자리 수 : 8
가장 작은 차 : 34−6
큰 차 : 87 − 3 = 84
작은 차 : 34 − 8 = 26

❸ 2 9 7 5
큰 차 : 97 − 2 = 95
작은 차 : 25 − 9 = 16

❹ 6 1 7 4
큰 차 : 76 − 1 = 75
작은 차 : 14 − 7 = 7

❺ 6 7 5 4
큰 차 : 76 − 4 = 72
작은 차 : 45 − 7 = 38

⑤ 주차

404 사다리 타기

● 빈칸에 알맞은 수를 써넣으시오.

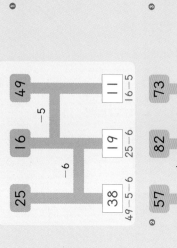
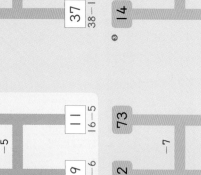
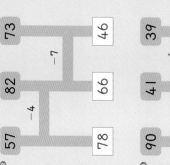
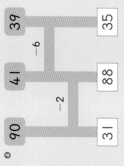

● 빈칸에 알맞은 수를 써넣으시오.

일 일

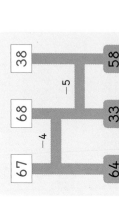
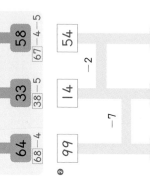
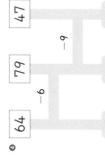

잘 공부했는지 알아봅시다

월 일

1 숫자 카드 중에서 세 장을 사용하여 계산 결과가 가장 작은 (두 자리 수)-(한 자리 수)를 구하시오. 24-7=17

숫자 카드 중에서 두 장을 골라 만들 수 있는 가장 작은 수에서 가장 큰 한 자리 수를 빼면 됩니다.

$3\ 4 - 7 = 27$

2 숫자 카드를 사용하여 계산 결과에 맞는 뺄셈식을 만드시오.

❶

$6\ 4 - 7 = 27$

❷

$6\ 4 - 9 = 55$

3 빈칸에 알맞은 수를 써넣으시오.

❶

27 45 34

-6   -8

39   26   13

45-6 34-8 27-6-8

❷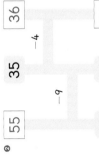

55   35   36

-9   -4

23   46   31

36-4-9 55-9 35-4

6 주차

405 관계셈

● 덧셈식을 보고 뺄셈식을 두 개 만드시오.

① 17+2=19
48-5=43
48-43=5
43+5=48
19-2=17
19-17=2

② 61+4=65
65-4=61
65-61=4

③ 79-7=72
79-72=7
72+7=79

④ 89-6=83
6+83=89
83+6=89

⑥ 98-8=90
8+90=98
90+8=98

● 뺄셈식을 보고 덧셈식을 두 개 만드시오.

56-3=53
3+53=56
53+3=56

⑤ 27-5=22
5+22=27
22+5=27

부분 ①과 부분 ②를 더해 전체가 되는 덧셈식은 전체에서 부분 ①을 빼면 부분 ②가 남는 뺄셈식, 부분 ②를 빼면 부분 ①이 남는 뺄셈식 두 가지를 만들 수 있습니다. 역으로 뺄셈식으로 덧셈식 두 개를 만들 수 있습니다.

➕ 주어진 수를 사용하여 덧셈식과 뺄셈식을 각각 두 개씩 만드시오.

1 27 28
1+27=28
27+1=28
28-27=1
28-1=27

① 6 33 39
6+33=39
33+6=39
39-6=33
39-33=6

② 5 61 66
5+61=66
61+5=66
66-5=61
66-61=5

③ 7 82 89
7+82=89
82+7=89
89-7=82
89-82=7

④ 9 86 95
9+86=95
86+9=95
95-9=86
95-86=9

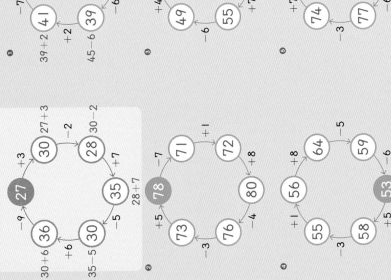
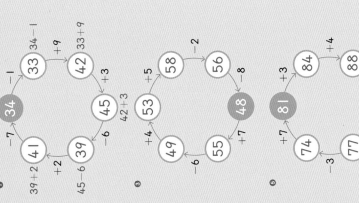
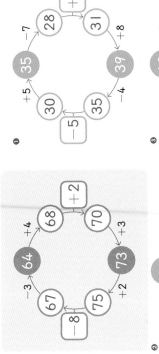
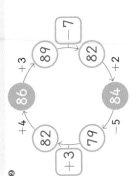
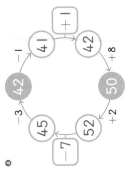
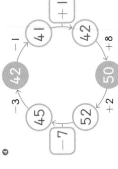
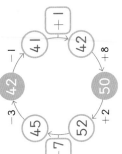

● 빈칸을 알맞게 채우시오.

씨름셀

406

● ○ 안에 알맞은 수를 써넣으시오.

6 주차

407 카드 지우기

● 옳은 식이 되도록 카드 한 장을/로 지우시오.

숫자 카드를 한 장씩 지우면서 개선해 봅니다.

7 9 + 5 8 = 8 7
79+8=87

❶ 6 4 - 7 = 5 7
64-7=57

❷ 2 6 + 4 5 = 5 1

❸ 5 9 3 - 6 = 8 7

❹ 3 7 + 1 8 = 2 1

❺ 7 2 - 3 4 = 6 8

❻ 5 7 + 3 8 = 6 0

❼ 8 7 4 - 6 = 7 8

❽ 6 1 5 + 7 = 7 2

❾ 2 1 - 9 = 3 1 2

❿ 5 2 + 9 1 = 6 1

● 옳은 식이 되도록 숫자 하나를/로 지우고 바른 식을 쓰시오.

숫자를 하나씩 지우면서 개선해 봅니다.

$26 + 15 = 31$
$26 + 5 = 31$

❶ $34 + 89 = 92$
$3 + 89 = 92$

❷ $745 - 6 = 68$
$74 - 6 = 68$

❸ $18 + 37 = 25$
$18 + 7 = 25$

❹ $62 + 25 = 67$
$62 + 5 = 67$

❺ $436 - 9 = 34$
$43 - 9 = 34$

❻ $28 + 36 = 31$
$28 + 3 = 31$

❼ $87 + 54 = 61$
$7 + 54 = 61$

❽ $614 - 8 = 56$
$64 - 8 = 56$

❾ $129 - 6 = 23$
$29 - 6 = 23$

❿ $41 + 79 = 83$
$4 + 79 = 83$

⓫ $587 - 9 = 48$
$57 - 9 = 48$

408 합차 두 수

● 두 수의 합과 차를 □ 안에 써넣으시오.

61 | 53 | 8 | 45
53+8 · 합 · 차 · 53-8

②
76 | 67 | 9 | 58 · 합 · 차

④ 16 | 13 | 3 | 10 · 합 · 차

⑥ 93 | 86 | 7 | 79 · 합 · 차

⑧ 103 | 94 | 9 | 85 · 합 · 차

⑩ 74 | 70 | 4 | 66 · 합 · 차

① 25 | 21 | 4 | 17
21+4 · 합 · 차 · 21-4

③ 51 | 48 | 3 | 45 · 합 · 차

⑤ 81 | 75 | 6 | 69 · 합 · 차

⑦ 37 | 32 | 5 | 27 · 합 · 차

⑨ 76 | 68 | 8 | 60 · 합 · 차

⑪ 45 | 43 | 2 | 41 · 합 · 차

64

● 합과 차에 맞게 두 수를 구하여 큰 수부터 차례로 써넣으시오.

✚
46 | 37 | 9 | 28 · 합 · 차
합이 46인 두 수 중에서 차가 28
인 두 수를 찾습니다.

① 65 | 61 | 4 | 57 · 합 · 차
합이 65인 두 수 중에서 차가 57
인 두 수를 찾습니다.

② 22 | 15 | 7 | 8 · 합 · 차

③ 47 | 42 | 5 | 37 · 합 · 차

④ 98 | 96 | 2 | 94 · 합 · 차

⑤ 84 | 78 | 6 | 72 · 합 · 차

⑥ 67 | 59 | 8 | 51 · 합 · 차

⑦ 92 | 83 | 9 | 74 · 합 · 차

⑧ 27 | 24 | 3 | 21 · 합 · 차

⑨ 38 | 37 | 1 | 36 · 합 · 차

⑩ 72 | 65 | 7 | 58 · 합 · 차

⑪ 34 | 26 | 8 | 18 · 합 · 차

사고셈 ● 65

6 주차

잘 공부했는지 알아봅시다

월 일

1 수 카드 72 , 8 , 64 를 사용하여 덧셈식 두 개를 만드시오.

64+8=72, 8+64=72

2 수직선을 보고 덧셈식 두 개와 뺄셈식 두 개를 만드시오.

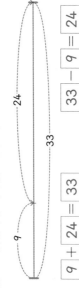

9 + 24 = 33

24 + 9 = 33

33 - 9 = 24

33 - 24 = 9

수직선에서 전체는 33이고 부분은 9과 24입니다. 덧셈식은 두 부분의 합이므로
9+24=33 또는 24+9=33
뺄셈식은 전체에 부분을 빼면 나머지 다른 부분이므로 33-9=24 또는 33-24=9

3 옳은 식이 되도록 카드 한 장을 /로 지우시오.

❶ 6 4 + 7̸ 8 = 7 2

64+8=72

❷ 5 2 - 7 8̸ = 4 5

52-7=45

카드를 한 장씩 지워가며 계산해 봅니다.

4 두 수 ●와 ■의 합은 32이고, ●와 ■의 차는 16입니다. 두 수를 각각 구하시오.

● + ■ = 32
● - ■ = 16

● = 24
■ = 8

● +■가 32가 되는 두 수를 찾아서 두 수의 차를 알아봅니다.

(31, 1)	(30, 2)	(29, 3)	(28, 4)	(27, 5)	(26, 6)	(25, 7)	(24, 8)
30	28	26	24	22	20	18	16

409 한 식 문장제

● 문제에 맞게 식의 □ 안에 알맞은 수를 써넣으시오.

배구공이 14개, 농구공이 9개 있습니다. 공은 모두 몇 개 있습니까?

식 : | 14 | + | 9 | = | 23 | (개)

❶ 민주는 선생님께 칭찬 스티커를 46개 받았습니다. 소희가 민주보다 8개 더 받았습니다. 소희가 받은 칭찬 스티커는 몇 개입니까?

식 : | 46 | + | 8 | = | 54 | (개)

❷ 태희는 어제까지 종이학 52개를 접었고, 오늘은 종이학 5개를 접었습니다. 태희가 접은 종이학은 모두 몇 개입니까?

식 : | 52 | + | 5 | = | 57 | (개)

❸ 감나무에 감 71개가 열렸습니다. 민지네 가족이 감 4개를 남기고 모두 땄습니다. 민지네 가족이 딴 감은 모두 몇 개입니까?

식 : | 71 | − | 4 | = | 67 | (개)

❹ 승기 어머니는 37살이고, 승기는 9살입니다. 어머니와 승기의 나이 차이는 몇 살입니까?

식 : | 37 | − | 9 | = | 28 | (살)

| 월 | 일 |

● 식과 답을 쓰시오.

오렌지가 35개, 사과가 9개 있습니다. 오렌지는 사과보다 몇 개 더 있습니까?

식 : 35 − 9 = 26   답 : 26 개

❶ 민우는 어제 윗몸일으키기를 47번 하였습니다. 오늘은 어제보다 6번 더 하였습니다. 민우는 오늘 윗몸일으키기를 몇 번 하였습니까?

식 : 47 + 6 = 53   답 : 53 번

❷ 동생은 딱지 29개를 가지고 있고, 형은 동생보다 딱지를 3개 더 가지고 있습니다. 형이 가진 딱지는 모두 몇 개입니까?

식 : 29 + 3 = 32   답 : 32 개

❸ 85보다 7 작은 수는 얼마입니까?

식 : 85 − 7 = 78   답 : 78

❹ 도서관에는 동화책이 54권, 과학책이 8권 있습니다. 동화책은 과학책보다 몇 권 더 많습니까?

식 : 54 − 8 = 46   답 : 46 권

⑦ 주차

410 □ 문장제

● □를 사용하여 알맞은 식을 쓰시오. 밑줄 친 말을 □로 나타냅니다.

양계장의 닭들이 지난달에는 달걀을 65개 낳았고, 이번달에는 지난달보다 몇 개를 더 낳아서 모두 71개가 되었습니다.

식 : $65+\boxed{}=71$

❶ 교실에 여학생 몇 명과 남학생 9명이 있는데 모두 21명입니다.

식 : $\boxed{}+9=21$

❷ 진호는 카드 38장을 가지고 있었는데 누나가 몇 장을 더 주어 모두 43장이 되었습니다.

식 : $38+\boxed{}=43$

❸ 풀밭에 토끼가 몇 마리 있었는데 그중 5마리가 다른 곳으로 가서 57마리가 남았습니다.

식 : $\boxed{}-5=57$

❹ 지원이는 사탕을 23개 가지고 있었습니다. 동생에게 몇 개를 주었더니 15개 남았습니다.

식 : $23-\boxed{}=15$

✚ □를 사용한 식을 쓰고 답을 구하시오.

모르는 어떤 수를 □로 사용하여 나타내면 무엇을 구해야 하는지 문장을 구해야 할 수 있습니다.

과일 가게에서 키위를 46개, 수박을 몇 개 팔았습니다. 과일을 모두 52개 팔았다면, 수박은 몇 개 팔았습니까?

식 : $46+\boxed{}=52$ 답 : 6 개

❶ 정호는 어제까지 과학책을 몇 쪽까지 읽었습니다. 오늘 6쪽을 더 읽어 92쪽까지 읽었습니다. 어제까지 몇 쪽을 읽었습니까?

식 : $\boxed{}+6=92$ 답 : 86 쪽

❷ 진우는 12살입니다. 진우는 몇 년 후에 20살이 됩니까?

식 : $12+\boxed{}=20$ 답 : 8 년

❸ 양계장의 닭들이 오늘 달걀을 몇 개 낳았습니다. 그중에서 9개를 먹고 남은 달걀이 22개입니다. 오늘 낳은 달걀은 몇 개입니까?

식 : $\boxed{}-9=22$ 답 : 31 개

❹ 개미집에 74마리의 개미가 있었습니다. 개미가 몇 마리 밖으로 나가고 69마리 남았습니다. 밖으로 나간 개미는 몇 마리입니까?

식 : $74-\boxed{}=69$ 답 : 5 마리

411 세 수 문장제

● 문제에 맞게 식을 만든 것입니다. □ 안에 알맞은 수를 써넣으시오.

어머니께서는 사탕을 지원이에게 18개, 형에게 7개, 누나에게 8개를 주셨습니다. 어머니께서 나누어주신 사탕은 모두 몇 개입니까?

식: $\boxed{18}$ + $\boxed{7}$ + $\boxed{8}$ = $\boxed{33}$ (개)
　　지원　　형　　누나

① 빨간색 색종이가 7장 있고, 노란색 색종이는 빨간색 색종이보다 9장 더 많습니다. 색종이는 모두 몇 장입니까?

식: $\boxed{7}$ + $\boxed{7}$ + $\boxed{9}$ = $\boxed{23}$ (장)
　　빨간색 색종이　　노란색 색종이

② 저금통 안에 500원, 100원, 50원짜리 동전이 모두 41개 있습니다. 500원짜리가 5개, 100원짜리가 8개 있다면 50원짜리 동전은 몇 개입니까?

식: $\boxed{41}$ - $\boxed{5}$ - $\boxed{8}$ = $\boxed{28}$ (개)

③ 선재는 구슬 62개를 가지고 있습니다. 선재는 누나에게 구슬 3개를, 동생에게 4개를 주었습니다. 선재에게 남은 구슬은 몇 개입니까?

식: $\boxed{62}$ - $\boxed{3}$ - $\boxed{4}$ = $\boxed{55}$ (개)

④ 25명이 타고 있던 버스에 첫 번째 정류장에서 6명이 타고, 두 번째 정류장에서 8명이 내렸습니다. 버스에 타고 있는 사람은 모두 몇 명입니까?

식: $\boxed{25}$ + $\boxed{6}$ - $\boxed{8}$ = $\boxed{23}$ (명)

월　일

● 식과 답을 쓰시오.

학급 문고를 만들기 위해 책을 모았습니다. 동화책은 53권, 위인전은 6권, 과학책은 4권 모았습니다. 책은 모두 몇 권이 되었습니까?

식: 53 + 6 + 4 = 63　　답: 63 권

① 공깃돌을 현주는 18개, 민주는 7개, 소연이는 6개를 모았습니다. 세 사람이 모은 공깃돌은 모두 몇 개입니까?

식: 18 + 7 + 6 = 31　　답: 31 개

② 빨간색 구슬이 27개, 파란색 구슬이 6개 있습니다. 노란색 구슬이 빨간색 구슬과 파란색 구슬을 더한 것보다 8개 적다면 노란색 구슬은 몇 개입니까?

식: 27 + 6 - 8 = 25　　답: 25 개

③ 코끼리 열차에 43명이 타고 있었습니다. 동물원에서 8명이 내리고 식물원에서 9명이 내렸습니다. 지금 코끼리 열차에 타고 있는 사람은 몇 명입니까?

식: 43 - 8 - 9 = 26　　답: 26 명

④ 귤이 상자에 귤가가 80개 들어 있습니다. 진세는 귤가 5개를, 하게는 귤가 2개를 먹었습니다. 남은 귤가는 모두 몇 개입니까?

식: 80 - 5 - 2 = 73　　답: 73 개

⑦ 주차

412 어떤 수 구하기

● □를 사용한 식으로 나타내시오.

어떤 수를 □로 나타냅니다.

어떤 수에 7을 더하였더니 65가 되었습니다.

식 : □+7=65

① 어떤 수에 5를 더하였더니 37이 되었습니다.

식 : □+5=37

② 8에 어떤 수를 더하였더니 46이 되었습니다.

식 : 8+□=46

③ 어떤 수와 3의 차는 72입니다. 단, 어떤 수는 3보다 큽니다.

식 : □−3=72

④ 22와 어떤 수의 차는 14입니다. 단, 어떤 수는 22보다 작습니다.

식 : 22−□=14

⑤ 81에서 어떤 수를 뺐더니 79가 되었습니다.

식 : 81−□=79

월 일

● 어떤 수를 구하고, 물음에 답하시오.

어떤 수에 7을 더해야 할 것을 잘못하여 9를 더하였더니 34가 되었습니다. 바르게 계산하면 얼마입니까?

어떤 수 : □+9=34, □=25

계산하기 : 25+7=32

① 어떤 수와 5의 합은 49입니다. 어떤 수에 8을 더하면 얼마입니까?

어떤 수 : □+5=49, □=44

계산하기 : 44+8=52

② 어떤 수에 7을 더해야 할 것을 잘못하여 7을 빼었더니 41이 되었습니다. 바르게 계산하면 얼마입니까?

어떤 수 : □−7=41, □=48

계산하기 : 48+7=55

③ 어떤 수에서 6을 뺐더니 67입니다. 어떤 수와 8의 차는 얼마입니까?

어떤 수 : □−6=67, □=73

계산하기 : 73−8=65

④ 어떤 수에서 2를 빼야 할 것을 잘못하여 6을 뺐더니 88이 되었습니다. 바르게 계산하면 얼마입니까?

어떤 수 : □−6=88, □=94

계산하기 : 94−2=92

잘 공부했는지 알아봅시다

1 식으로 나타내고 답을 구하시오.

❶ 56보다 7 큰 수

56+7=63

❷ 81과 6의 차

81−6=75

2 솔이네 집에는 귤이 44개가 있었습니다. 오늘 가족들이 8개를 먹었다면 남은 귤은 몇 개입니까?

식 : 44−8=36   답 : 36 개

3 윤호는 목걸이를 만드는 데 34개의 구슬을 사용했습니다. 윤호가 사용한 구슬은 지호가 사용한 구슬보다 8개가 많았다고 합니다. 지호가 목걸이를 만드는 데 사용한 구슬은 몇 개인지 □를 사용한 식으로 나타내시오.

식 : □+8=34

지호가 목걸이를 만드는 데 사용한 구슬의 개수를 □로 놓습니다.

□+8=34
지호   윤호

4 버스에 35명이 타고 있었습니다. 정류장에 도착하여 7명이 내리고 9명이 탔습니다. 지금 버스에 타고 있는 사람은 몇 명입니까?

식 : 35−7+9=37   답 : 37 명

5 어떤 수에 7을 더해야 할 것을 잘못하여 뺐더니 76이 되었습니다. 바르게 계산한 답을 구하시오. 90

어떤 수를 □라 하면 □−7=76, □=83
바르게 계산하면, 83+7=90

⑧ 주차

계산기

413

● 계산기의 버튼을 차례로 눌렀습니다. 옆칸에 계산 결과를 써넣으시오.

❖ 계산 결과에 맞게 버튼을 누르는 방법을 네 가지 쓰시오. 순서를 바꾸어 써도 됩니다.

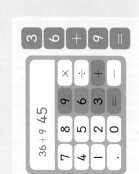

1에서 9까지의 수 중 □ 안에 들어갈 수 있는 수를 모두 쓰시오.

35+□ <42
35+①<42
35+②<42
35+③<42
35+④<42
35+⑤<42
35+⑥<42
35+⑦=42
35+⑧ >42
1, 2, 3, 4, 5, 6

❶ 62+□ <65
62+①<65
62+②<65
62+③=65
62+④ >65
62+⑤ >65
1, 2

❷ 49+□ <53
1, 2, 3

❸ 27+□ >31
5, 6, 7, 8, 9

❹ 58+□ >65
8, 9

❺ 16+□ >22
7, 8, 9

❻ 72−□ <69
4, 5, 6, 7, 8, 9

❼ 81−□ <74
8, 9

❽ 39−□ >35
1, 2, 3

❾ 65−□ >61
1, 2, 3

---

414 대소셈

□ 안에 들어갈 수 있는 수에 ○표 하시오.

47+□ <51
47+③<51
47+④=51
47+⑤ >51
③ 4 5

❶ 85+□ >91
85+5<91
85+6=91
85+⑦>91
5 6 ⑦

❷ 26+□ <32
④ 6 8

❸ 54+□ <62
⑦ 8 9

❹ 79+□ >84
3 5 ⑦

❺ 38+□ >42
1 4 ⑦

❻ 63−□ >57
9 7 ⑤

❼ 21−□ <19
1 2 ③

❽ 41−□ >35
9 6 ③

❾ 92−□ >88
7 4 ①

⑧ 주차

415 트럼프셈

● 같은 모양은 같은 수를 나타냅니다. □ 안의 알맞은 수를 써넣으시오.

$15 + 8 = ♣_{23}$
$♣_{23} - 8 = ♠_{15}$
$♠_{15} + 3 = ◆_{18}$
$◆_{18} = \boxed{18}$

①
$43 - 4 = ♣_{39}$
$♣_{39} + 5 = ♠_{44}$
$♠_{44} - 3 = ◆_{41}$
$◆ = \boxed{41}$

②
$36 - 9 = ♣$
$♣ + 4 = ♠$
$♠ + 8 = ◆$
$◆ = \boxed{39}$

③
$48 + 7 = ♣$
$♣ - 9 = ♠$
$♠ + 7 = ◆$
$◆ = \boxed{53}$

④
$62 + 4 = ♣$
$♣ - 5 = ♠$
$♠ - 6 = ◆$
$◆ = \boxed{55}$

⑤
$74 + 8 = ♣$
$♣ + 3 = ♠$
$♠ + 8 = ◆$
$◆ = \boxed{93}$

● 같은 모양은 같은 수를 나타냅니다. □ 안의 알맞은 수를 써넣으시오.

$39 + 2 + 4 = ♣_{45}$
$♣_{45} + 5 + 7 = ♠_{57}$
$♠_{57} - 6 + 2 = ◆_{53}$
$◆ = \boxed{53}$

①
$16 + 5 + 5 = ♣_{26}$
$♣_{26} - 6 + 3 = ♠_{23}$
$♠_{23} + 4 - 8 = ◆_{19}$
$◆ = \boxed{19}$

②
$24 + 9 - 2 = ♣$
$♣ - 2 - 4 = ♠$
$♠ + 9 + 3 = ◆$
$◆ = \boxed{37}$

③
$63 - 8 - 1 = ♣$
$♣ + 8 - 3 = ♠$
$♠ - 5 - 7 = ◆$
$◆ = \boxed{47}$

④
$71 - 3 - 5 = ♣$
$♣ + 7 + 4 = ♠$
$♠ + 3 - 4 = ◆$
$◆ = \boxed{73}$

⑤
$88 - 4 + 9 = ♣$
$♣ - 6 - 5 = ♠$
$♠ - 8 + 1 = ◆$
$◆ = \boxed{75}$

약속에 맞게 계산하시오.

① 약속
● ■ = + +
● ● ◆ ■

9◆7 = 25   9+9+7
4◆23 = 31   4+4+23

② 약속
■ ● = + +
● ● ⊙ ■

24●3 = 30   24+3+3
51●5 = 61   51+5+5

③ 약속
■ ● = - -
● ▲ ■

27▲4 = 19
50▲6 = 38

④ 약속
● ■ = - +
● ▽ ■

42▽6 = 42
53▽8 = 53

⑤ 약속
● ● = + +
● ● ⊙ ■

38⊙5 = 48
46⊙7 = 60

약속셈

416

약속에 맞게 계산한 것입니다. 빈칸에 알맞은 수를 써넣으시오.

① 약속
● ● = + +
● ● ⊙ ■

21●7 = 21 + [7] + 7
    = 35
36●4 = 36 + 4 + [4]
    = 44

② 약속
● ● = + - ●
● ■

12●5 = 12 - [5] + 12
    = 19
15●6 = 15 - 6 + [15]
    = 24

① 약속
■ ● = + - ●
◆ ■

32◆9 = 32 + [9] - 9
    = 32
57◆8 = 57 + 8 - [8]
    = 57

③ 약속
■ ● = - -
▲ ■

44▲1 = 44 - [1] - 1
    = 42
36▲3 = 36 - 3 - [3]
    = 30

8주차

잘 공부했는지 알아봅시다

월 일

1 1에서 9까지의 수 중에서 □ 안에 알맞은 수를 모두 구하시오. **8, 9**

$$70 - □ < 63$$

$70 - ⑨ < 63$
$70 - ⑧ < 63$
$70 - 7 = 63$
$70 - 6 > 63$
$70 - 5 > 63$

2 계산 결과에 맞게 계산기의 버튼을 누르는 방법을 네 가지 쓰시오.

34
7 8 9 ×
4 5 6 ÷
1 2 3 +
. 0 = −

$4 \quad 0 \quad - \quad 6 \quad =$
$4 \quad 1 \quad - \quad 7 \quad =$
$4 \quad 2 \quad - \quad 8 \quad =$
$4 \quad 3 \quad - \quad 9 \quad =$

3 ◆가 나타내는 수는 얼마입니까? **38**

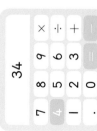

$27 + 8 = ♣\,35$
$♣\,35 - 9 + 7 = ♦\,33$
$♦\,33 + 8 - 3 = ◆\,38$

86

수학 개념이 쉽고 빠르게 소화되는

월등한개념수학

배운 개념을 끊임없이 되짚어주니까
새로운 개념도 쉽게 이해됩니다

수학 개념이 쉽고 빠르게 소화되는 특별한 학습법

· 배운 개념과 배울 개념을 연결하여 소화가 쉬워지는 학습
· 문제의 핵심 용어를 짚어주어 소화가 빨라지는 학습
· 개념북에서 익히고 워크북에서 1:1로 확인하여 완벽하게 소화하는 학습

NE 능률